琉球怪談コレクション

いまでもグスクで踊っている

小原 猛

ボーダーインク

前口上

ボーダーインクから『琉球怪談 現代実話集 闇と癒しの百物語』が発売されたのが、2011年1月のことだった。もう9年前の話になる。私が沖縄に住むいろんな方々から聞いた不可思議な話、つまり恐物、妖怪、幽霊、呪いなどの怪異に関する〈実話〉を、あらたなる〈怪談〉として書き記したものである。

その頃、地方の実話怪談だけを集めた本というのは全国的にみても非常に珍しく、いろんな媒体で取り上げていただき、沖縄だけでなく全国の怪談マニアとつながることができた。しかしその年の3月11日東日本大震災が発生し、出版の状況そのものが一気に変わってしまった。いまにして思えば時代が改変するタイミングだったといっても過言ではない。

その後、私は怪談作家として、ボーダーインクから『七つ橋を渡って』『不思議な子どもたち』（絵・三木静）『おきなわ妖怪さんぽ』（琉球怪団著）と「琉球怪談」シリーズを刊行した。また全国出版として沖縄の怪談実話を、ほぼ毎年に渡って出版してきた。さらに沖縄の妖怪や怪談を語る講演、トークイベントによばれ、沖縄の心霊スポットをまわるDVDなどにも参加した。いわば私もまた「琉球怪談」に取り憑かれ、踊らされる日々を過ごしてきたのである。

いまも相変わらず沖縄の地で、不可思議な話に耳を傾け、地域の民俗資料を収集し、城、御嶽といった拝所を訪ね歩いている。私の「琉球怪談コレクション」は増えていくいっぽうなのだ。

そして２０２０年現在、世界は新たな改変の時期に入っていると思う。世界的規模で新型コロナウィルスが蔓延している今、人々の生活も思考も変わらざるを得ないだろうと思われる。そんな中で、いわば古巣のボーダーインクから、新しい「琉球怪談」シリーズを刊行することになったのは、非常に感慨深い。これは「琉球怪談」シリーズを原作として小学館からネット配信されているコミック版（画・太田基之）が、２０２０年夏に書籍化されるにあたって、元祖「琉球怪談」シリーズをもう一冊と、マジムン編集者から声がかかったからである。これまでと同様に、私が実際に沖縄のあまくまでお聞きした、さまざまな不可思議、奇々怪々な語りをまとめ、かつ私自身に起こったなんとも言いがたい話を加えた。

沖縄には怪談や怖い話を好む傾向は昔からあったのだが、現在もてはやされている、いわゆる実話系怪談のはしりのような本があるので、この機会に紹介しておこうと思う。それは故・福地《ふくち》曠昭《ひろあき》さんが１９８０年に出版した『大宜味のむかし話』という本である。むかし話、と銘打たれてはいるが、決してあなどることなかれ。中身は完全に現代怪談実話なのである。ここから琉球怪談の歴史が始まったといっても過言ではない。その末端にいるのが私のようなものなのだ。

今回の出版にあたってボーダーインク編集者の新城和博さんに心より感謝する。新城さんのことをくだんの人々は〈新城へーイ〉などと呼んだりするが（本書「ナカニシニ ムタリーン」参照のこと）、おそらく彼がいなければ「琉球怪談」というジャンルそのものがここまで大きくなっていなかったと思われる。新城さんにはぜひ５００歳ぐらいまで生きてもらって、ガジュマルの木の上から沖縄全体をいつまでも俯瞰して見渡せるような、本当のマジムン編集者に変化してほしいものである。また今回はイラストレーターのまきやしほさんにご参加いただいた。彼女の独特な世界観を持った絵は、この日常から十センチほどずれた怪異の世界にぴったりでもあり、また同時に癒しも届けてくれるに違いない。デザイナーの宜壽次美智さんには、カバーデザインで諸々お世話になった。実は彼女とは一緒にバンドもやっている仲でもあるのだが、仕事の面でもサポートしていただき、感謝感激である。

では、ふたたび「琉球怪談」を入り口にして、沖縄や怪談について興味を持って下さる方が増えてくれることを、心より願って。

２０２０年６月末　コロナの夏記す　　著者

いまでもグスクで踊っている　目次

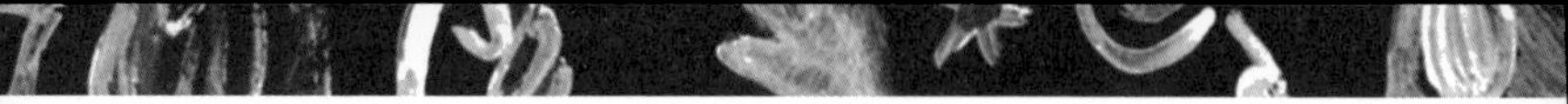

其之弐《たーち》　バンシルーの女

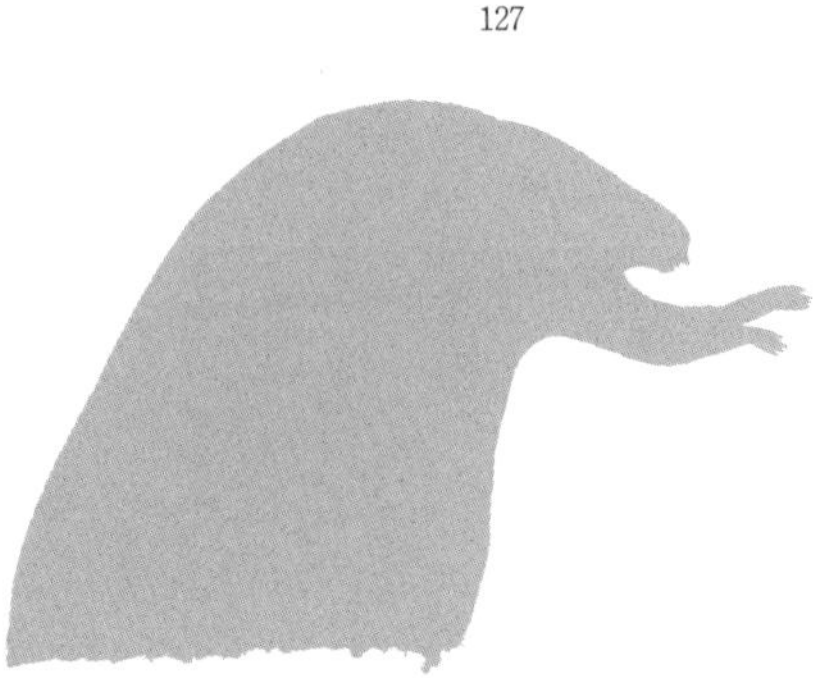

其之参《みーち》　スップル

其之四《ゆーち》　わたしのはなし

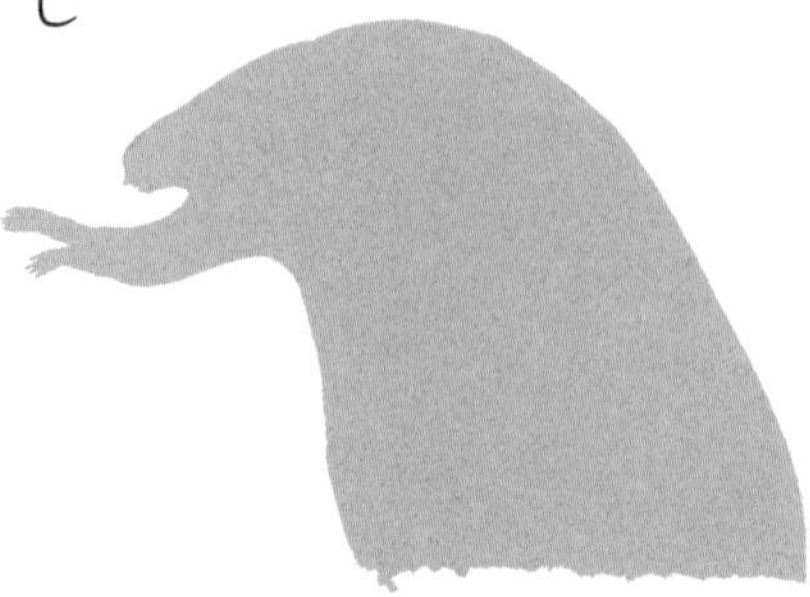

本書は、著者の取材にもとづいて書き下ろした〈怪談実話〉です。
登場する個人名、地名などは一部を除き基本的に仮名となっています。
特定の個人、場所に関するお問い合わせは、一切お答えすることができません。

其之壱《てぃーち》

母親は答えなかった

まばたき

中城《なかぐすく》さんの実家は、沖縄島の東海岸の集落《むら》にある木造の古民家である。

そこのトイレは家の外の別棟にあり、最近下水道が通ったので水洗ではあるが、なぜか扉の大きさが桁はずれに大きく、高さが二メートル五十センチあり、横幅も一メートルもある。もともと農業倉庫として作り、後からトイレに改造したのでそうなったという。とにかく扉だけが桁はずれておかしなサイズなのである。扉を閉めて洋式便器に座ると、威圧感のある大きな板が目前に迫ってくる。

その古びたドアの正面に、どうみても人間の眼のような木目が二つ、くっきりと浮き出ていた。まつげも虹彩《こうさい》も人間そっくりな眼は、大きさが十センチ以上はあり、子どものころは見ているとゾッとするので、中城さんは実家のトイレが大嫌いであった。

それから何年後かの話になるが、母が心筋梗塞で亡くなり、中城さんは実家に戻った。お通夜の夜に、実家のトイレに座りながら、亡くなった母のことをいろいろと考えていた。ふと前を見ると、木目の眼がこちらをじっと見つめている。見ていると、急に眼がまばたきした。

目じりの皺さえ、はっきりと見えたという。

「あ、母さん」

まるで母の眼のようだったので、全然怖くはなく、むしろ安心したという。

アンナとのぞみ

光恵さんは子どもの頃、いわゆるプラスティックドールというものに夢中であった。その中でも「アンナとのぞみ」というシリーズの人形を特に気に入っていたという。

その「のぞみ」ちゃんを、あまりに大事にしすぎて、ある日もっと綺麗にしてあげようと思い、ハサミで髪の毛をカットしてあげた。

「ああ、これですっきりした。可愛いね、のぞみ」

光恵さんは満足して「のぞみ」ちゃんを自分の子ども部屋に戻し、それから居間でテレビを見ながらボウッとしていた。

すると次の瞬間、何かが猛烈な速さで飛んできて、天井をグルグルと旋回しだした。よく見るとくだんの人形、「のぞみ」ちゃんだった。

「のぞみ」ちゃんは音もなく何度も光恵さんの頭上を旋回したあと、そのままクルッと子ども部屋に戻っていったという。

あまりのことにびっくりした光恵さんは大泣きした。

「ああ、きっと私の切ったヘアスタイルが気に入らなかったんだ！」

幼い光恵さんはそう思い、申し訳ない気持ちで一杯だった。

そのあとも光恵さんの子ども部屋には時折、天井付近に煙のようなものがモワッと見えたり、小さな龍が現れて、天井を旋回したことがあった。

「アンナ」ちゃんの方は、特になにもなく、いつのまにか無くしてしまったという。

じゃんけんマジムン

佐敷《さしき》に住んでいた登野城《とのしろ》さんは、小さい頃「じゃんけん、ぽーん！」と大声を出して、ひとりじゃんけんをするのが楽しみだった。

その日も集落《むら》の中を、大声で、ひとりじゃんけんしながら歩いていた。

「じゃんけん、ぽーん！」そのあと手のひらを広げて「パー！」と宣言した。

すると「チョキ！」と女の子の声がした。振り返ると、誰もいない。おかしいなあ。

もう一度、大声でこう言った。

「じゃんけん、ぽーん！」そして今度は拳を握りしめた。

「グー！」

再びこんな声がした。

「パー！」

同じ声である。

声のした方に振り向くと、そこには小さな家のかたちをした祠《ほこら》があった。

祠の後ろから、古風なかすりの服を着たおかっぱの女の子がこちらを見ている。

「ねえねえ、じゃんけんするの？」と登野城さんはたずねた。

次の瞬間、女の子は祠の後ろからピョンと二メートルくらい高くジャンプして登野城さんの方へ飛んできた。それがあまりにも奇妙で、とても人間技とは思えなくて、登野城さんは怖くなり、悲鳴を上げて家に帰った。

ところがその夜から、登野城さんが眠っていると、家の外から女の子の声が聞こえるようになった。「じゃんけん、ぽーん！」と家の外で小さな女の子の声がするのである。

その声を聞くと、きっと自分を探しているのだと思い、ガタガタ震えてしまった。

「あれ、うるさいねえ。どこの家の子どもかねえ。もう十二時廻っているよ」

一度それを聞いた母親が家の外に出て行ったが、結局その声の子どもを発見できなくて帰ってきた。しばらくすると学校で、先生がこんなことを言った。

「最近、夜中に外に出て、じゃんけんをして遊んでいる子どもがいると聞きました。夜遅くなったら、みなさんは絶対に出歩かないように。いいですか、そんな時間に外に出ると、マジムンに襲われますよ」それを聞いた登野城さんは、子どもながらにこう思ったという。

いや、それは違う。子どもじゃなくて、あれがそもそもマジムンだよ。

不思議なことに、大人になったいまでも実家に帰って眠ると、夢の中で「じゃんけん、ぽーん！」と、その声を聞くことがあるのだという。

抱き合う二人

サトルさんの変な思い出である。

サトルさんは家族と一緒に海水浴をしていた。みんなはまだビーチで遊んでいたが、サトルさんだけ、飽きてしまい一足先に家に戻った。家はビーチから歩いて五分ほどの場所である。そのとき近くの親戚の家の前を通ったら、叔父《おじ》と見知らぬ女性がきつく抱き合っているのを見た。

二人はちゃんとした服を着ているのに、なぜか身体中びしょ濡れであった。二人が立っている場所の下には、大きく水溜まりが出来ているほどであった。

「なんで叔父ちゃん、びしょびしょなんだろう」とは思ったが、まだ子どもだったサトルさんは、叔父さんが知らない女性と抱き合っていることの意味がよくわからなかった。

ところが家に帰ると、あることを思い出し、急に怖くなった。

あの叔父さんは亡くなって、先月お葬式をしたばかりだったのだ。サトルさんも親に連れられて、手を合わせていた。

あわてて親戚の家に戻ると、さきほど家の前で女の人と抱き合っていた叔父の遺影が、仏壇の上からこちらを睨みつけていた。

抱き合っていた女性は、叔父と一緒に亡くなったといわれていた女性だった。

二人は不倫をしていて、その果てに心中を図ったのだ。女性は、近くのスナックに勤めていて、不倫関係は二年以上にも及んでいたという。

もちろん当時のサトルさんには、そんな事情は知らされていなかった。

ビーチで二人が抱き合いながら入水自殺をしたのだと聞かされたのは、サトルさんが十五歳になってからであった。

砂の中

サトルさんのもうひとつの変な思い出である。

小さな頃、家の近くの石川ビーチで潮干狩りをして遊んでいた。

素手で砂を掻《か》いていると、何かが当たった。あさりではない。もう少し大きい感じ。流木だろうか。なんだか生暖かい。そのまま砂の奥に手を入れて、思いっきりひっぱり上げた。

砂の中から、何かが、ずぼっと抜けて現れた。

人間の手首だった。

しかも捕りたての魚のようにぶるぶる震えている。

サトルさんは絶叫して放り出そうとしたが、それは逆にサトルさんの腕を、むんずとつかんだ。明らかに血の通っている人間の手の感触だった。

サトルさんは悲鳴をあげて、大泣きしながら家まで戻った。

家に帰ると、すでにその手首はなかったが、つかまれた跡がサトルさんの腕には、はっきりと残されていた。

黄色いヘルメット

城間《しろま》さんが中学生のときの話である。城間さんの部屋は二階にあり、隣には小学生の妹の部屋があった。するとある日を境に、妹が急にうなされるようになったという。

「お兄ちゃん、あのね、夜になったらおじさんが来るんだよ」と妹が言った。

「黄色いヘルメットを被った工事現場のおじさんが、足で踏みつけてくるの」

妹は寝ぼけているだけかもしれない。でも、どうして工事現場の人なんだろう？

ある日、城間さんは父親にそのことを話した。

「おいおい」とそれを聞いた父親は怒鳴《どな》った。

「あいつ嘘をつきやがった。やっぱり出たじゃないか！」

父親はそう言って、家を造った建設会社に怒りながら電話を掛けた。

実は、その家の工事中に一人の作業員が二階の骨組みから落下して亡くなっていたのだ。上司とイザコザがあり、一説には故意に押されたという話もあったが、事故として処理された。

城間さんが高校生のときに父親が破産してしまい家を手放すことになったので、それからその家がどうなったのかはわからないという。

フンデルトワッサー

大城《おおしろ》さんは、とあるチェーン店の古本屋で、なんとなく画集を漁《あさ》っていた。

フンデルトワッサーという名前の画家の図録をめくっていたときのこと。

いきなり本のページからバラの香りが立ち込め、ページの中から一枚の写真が現れた。

それは変色した写真で、年老いた夫婦がどこかの岬で肩を寄せ合って微笑んでいた。

ああ、きっと幸せな人生を歩んだカップルだったのだろうな。大城さんはそんなことを思ってページを閉じて、本を棚に戻した。

それからいろいろ物色していたが、なぜかさっきのバラの香りと写真が心の中に引っかかり、もう一度画集のところに行き、くだんの本を手に取ったが、はさまっていた写真が何度見てもない。本に鼻をくっつけてみても、さきほどのような強烈なバラの匂いはまったく感じられない。あれだけ強烈な香りがしたのだ。少しぐらい残っているだろうと思ったが、まったくそれがない。不思議だなと思いつつ、結局大城さんはその画集を買わずに、棚に戻した。

それから何年か経ったある日のこと。那覇市の図書館で画集を物色していた大城さんは、その棚にフンデルトワッサーの画集があるのを見つけた。

とっさに写真と強烈なバラの匂いを思い出した。そこで画集を棚から取り、ぱらぱらとページをめくると、その途中のページに一枚の写真があった。

それは変色したどこかの岬で撮影したカップルの古い写真で、強烈なバラの香りがあたりに立ち込めた。

その瞬間、大城さんはなぜか「怖い」と思った。

そのままページを閉じ、逃げるようにして図書館から立ち去った。そして二度とその画集のある棚には近寄らないと決めた。なぜだか、人が立ち入ってはいけない領域に入ってしまった気がしたからだという。

千羽鶴

恵理子さんがまだ十歳くらいの頃、高校生だった親戚のネーネー（お姉さん）が病気になった。そこで恵理子さんは何度も母親に連れられて見舞いに行った。ネーネーの病室には千羽鶴があり、恵理子さんも病室で一緒になって千羽鶴を折った。

あるとき、学校から帰って、お家の自分の部屋で千羽鶴を折りながら、恵理子さんは折り紙の裏にこんなことを書いた。

「かみさま、ねーねーのびょうきがはやくなおりますように」

そのあと恵理子さんはトイレに行き、戻って再びその折り紙を手に取った。

すると誰かがその裏に何か鉛筆で殴り書いたような跡がある。

それはひらがなで「しんで」と読めた。

かみさま、ねーねーのびょうきがよくなりますように。

しんで

恵理子さんは当然そんなことを書いた記憶がない。すぐに消しゴムでそれを消した。
家にはそのとき、恵理子さん以外誰もいなかった。
心配になった恵理子さんは、ほかのの千羽鶴を解《ほど》いてみた。
するといくつかの鶴には、はっきりとした字でこう書かれていた。

しんで

どう見ても自分のような子どもの筆跡とは違う、大人が書いたような字だったという。
怖くなった恵理子さんは、その千羽鶴をすべてゴミ箱に捨ててしまった。
ネーネーは、ほどなくして亡くなってしまったそうだ。

返事

昔、隆司さんという男性が、自殺することにした。借金苦である。

自分の車に乗ってコザ（現沖縄市）にあった小山に向かった。街中にあるのだが、ウタキ（御嶽）として祀られた神聖な小山だった。夜中に立ち入るものはほとんどいない。死ぬにはちょうどよい場所だと思った。

近くの道端に車を停め、しばらく古いコンクリートの階段を登ると、首を吊るのに適したガジュマルがあった。そして持ってきたナイロンロープをそれにひっかけた。ふと見ると、木の根元に香炉《こうろ》がある。香炉は、その場所がウガンジュ（拝所）であることを示す依《よ》り代《しろ》である。

ああ、なんだ、この大木はウガンジュになっているのか。隆司さんはなんだか香炉を見ていると腹が立ってきて、香炉を三メートルくらい蹴り飛ばした。

ほら、神様なんていやしない。香炉を蹴り飛ばしても何も起こらない。死んだら死後の世界があるとか嘘ばっかりだ。電気信号と同じで、命は死んだら消えるもんだ。俺も消えよう。

そうして結んだ輪っかに首を突っ込んだが、体重をかけた時点でロープは切れ、隆司さんは枯葉の山に顔から突っ伏した。

枯葉にまみれて立ち上がると、顔じゅうがちくちくし、耳元でやぶ蚊のうるさく飛ぶ音も聞こえてきて、なんだか自分がここにいるのが哀れになってきた。

なんだよ、今日も死ねなかったじゃないか。隆司さんは、大泣きしながら手近にあった香炉を、思いっきりガジュマルにぶつけた。クソ、シネ、フラー、ゲレンかよ。大声でそう言いながら、何度も香炉を拾ってはガジュマルに叩きつけた。そのまま罵詈《ばり》雑言《ぞうごん》を吐き捨てながら小山を降り、道のわきに停めた車に戻った。そのとき、何かの音がした。

ひゅーん！

見ると、その小山から弧を描きながらこぶし大の石が、隆司さんの車のフロントガラスめがけて飛んできた。

ガッシャーン！

凄まじい音と共に、フロントガラスは粉々に砕けてしまっていた。

その瞬間、おしっこをちびってしまうくらい、びっくりしたという。

「それ以来自殺なんか考えたこともありません」

と隆司さんは語った。

ピーちゃんと瑠璃の石

山城《やましろ》さんのお父さんが昔、中国から不思議な石を買ってきた。表面を見ると瑠璃《るり》色の中に白色の渦巻き模様の入った綺麗な石である。お父さんがいろいろとうんちくを教えてくれたのだが、山城さんは興味も無かったので、すぐに忘れてしまった。うろおぼえだが、どこかの霊験あらたかな山から取れた希少価値のある石だという。

何年か前にそのお父さんが亡くなったときのこと。

県内の親戚縁者が集まってお葬式が執り行われた。そして初七日を迎えた日。直系の家族や孫たちが山城さんの家に集まって、食事をした。

そこには孫のハツミさんもいた。まだ幼かった彼女はおじいちゃんが大好きだったようで、飼ったばかりの手乗りインコをおじいちゃんに見せたくて仕方がなかった。しかし病室にセキセイインコを連れて行くことが出来ないまま、おじいちゃんは亡くなってしまった。そこでせめて遺影《いえい》姿であるがおじいちゃんに見せたいということで、小さな籠《かご》に入れたピーちゃんを連れてきていた。

「おじいちゃん、ピーちゃんだよ。よろしくね」

小さな声で仏壇の遺影に向かって手のひらに載せたインコを紹介した。すると仏壇に置かれていた石が、急にゴロゴロと転がって床の上に落ちた。

ハツミさんはびっくりして、悲鳴をあげて飛びのいた。ピーちゃんもそのまま宙に飛んだが、羽を切られているせいで、床の上にバサバサと羽ばたきしながら降りた。そして転がって落ちた石の上によっこいしょと座り込むと、優しい声でクルクルクルクルと鳴き始めた。

その石は、山城さんのお父さんの瑠璃色の石だった。

「不思議だねえ」と誰かが言った。

そのあとハツミさんが何度も手のひらで持ち上げても、ピーちゃんは隙あらば手の中を脱走して、その石の上に座りたがった。

ピーちゃんがあまりにもその石に固執するので、山城さんは帰り際、その石をハツミさんにプレゼントした。

四十九日が終わり、ジーシガーミ（厨子瓶・骨壺）にいれたお骨をお墓に納めることになった。そこで山城さんはハツミさんと再会した。

「あの石、ピーちゃんは気に入ったのかな？」と聞くと、ハツミさんは悲しそうにこう言った。

「今日朝起きたらね、あの石、割れてたの」

それを聞いた親戚のオバアが、こう言ったという。

「あの石は役目が終わったからもういいんだよ。ジイジも天国に行くって言ってるよ」

それを聞いてハツミさんはさらに悲しげな表情になった。

その後納骨も無事に終わり、割れた石はハツミさんの家の庭に埋められたと、山城さんは聞いた。

ところが、それから一週間後。

山城さんが父親の遺品を整理していると、小さな木箱が出てきて、開けてみると、瑠璃色の石が入っていた。しかもどこからどう見ても、あの石とまったく同じ石である。母親に「親父は二個同じものを買ったのかな?」と聞いても、そんな心当たりはないという。初七日の日に写真を取っていたのだが、そこでハツミさんが持っていた石とくらべても、模様はまったく一緒だった。

現在その石は、山城家の仏壇に置かれ大事に祀《まつ》ってあるが、いまでも時折来客者があると、仏壇からコロコロと転がることがあるそうだ。特に孫たちの場合は、いつもより元気に転がるという。

後姿

城辺《ぐすくべ》さんの家は那覇市小禄の、とあるタンクの建っている丘の近くにあった。ある日の夕暮れ、城辺さんが散歩していると、いきなり空が血のように赤くなった。

これはそういう夕日なのか、あるいは別の理由なのかよくわからなかったので、とりあえず高台へ行こうと思い、タンクの立っている丘の上に昇った。

すると夕日はとっくに沈んでいるのに、雲に覆われた空の一点だけが赤く光っている。

飛行機？　それともＵＦＯ？

見ていると、そこに真っ白いシャツを着た男性が、階段を上るようにして、その赤い光の中へ昇っていくところだった。よく見るとワイシャツを来たサラリーマンのようでもあるし、学生服の上着を脱いだ中学生のようにも見える。

やがてその後姿は、空の雲の中に透けてしまい、見えなくなった。

いまから二十年ほど前の出来事であるという。

久高島のチンアナゴ

何年も前の話である。

本土からの旅行者だった紀子さんは、久高島に行った。

島の民宿に泊まって、そこの五十代のおばさんからこんな話を聞いた。

「久高にはイザイホーというねぇ、十二年に一回ある儀式があって、神様がいらっしゃるんですよ」

「神様……それって私も会うことは出来ますか？」

「もちろん、あんただったら会えるさ。明日行ってみなさい。連れて行ってあげるから」

紀子さんたちは、次の日、歩いてその場所まで行った。そこはクボーウタキと呼ばれ、現在は旅行者は入ってはいけない、とっても大切な聖域であるが、当時は単に男子禁制の看板しか掲《かか》げられていなかった。

紀子さんはおばさんの案内で一緒に森の中に入っていった。しばらく歩くと右手に広場があり、おばさんがそこでこんなことを言った。

「この広場に神様がいますよ。私はもう帰るので、あんた、一人で戻って来なさいね」

「え、私どうしたらいいんですか」

「静かにして、神様が現れたら、話をして、感謝を伝えなさい」

おばさんはそういって帰っていった。

紀子さんはクボーウタキの中に取り残されてしまった。

仕方がないので広場の真ん中まで進み、そこにしゃがみこんで心の中でお祈りした。

神様、こんにちは。無事に生まれてくることが出来て感謝申し上げます。いまの会社でうまくいっていないのですが、どうしましょう？　ロッキード事件は一体どうなるんですか？　新幹線は私の生まれ故郷の東北まで伸びるんでしょうか？

当時の時勢の気になることを、次々に言葉に出して独り言のように喋っている自分に気がついた。

と、そのときである。

自分の目の前に真っ白いモヤのようなものが立ち込めた。

モヤはゆっくりと形をなしてゆき、ついには巨大な蛇か、チンアナゴのような形状になった。しかも優に三メートルはある姿である。

これが神様なんだろうか？　紀子さんは怖かったが、勇気を出して相手にこんなことを聞いてみた。

「神様、田中角栄って逮捕されるんでしょうか?」

そのとき、はっきりと心の中に声がした。

「知らない」

それからチンアナゴは急に風が吹いたかのように霧散してしまったという。

もっと違うことを聞けばよかった。

いまでも紀子さんはひどく後悔している。

ユタ・米子オバアからの電話

新聞記者の兼城《かねしろ》さんが、金武《きん》町にある橋で取材していたときのこと。

スマートフォンに着信があった。出てみるとお世話になっているユタの米子オバアだった。

「あんたね、いま、何してる？」

「いまですか」と兼城さんは、立ち止まって話し出した。

「金武町のですね、億首《おくくび》という橋を取材していますよ」

「あんた、あぶないからすぐにそこをどきなさい」

と、次の瞬間、反対車線を走っていた原付バイクがスリップして、目の前の歩道まで飛んできた。植栽を飛び越えてバイクがごろごろと転がってきた。運転していた若者は、植栽の上でうめいている。もう少しで赤嶺さんはバイクの直撃を受けるところだった。

「オバア、オバア、いまね、事故があったんですよ！」と兼城さんは興奮して伝えた。

「そうね、当たらなくて良かったさ。じゃ、電話切りましょうね。またねえ」

そういって、米子オバアは電話を切った。

ただそれだけの話だが、いまでも時折思い返すことがあるという。

メデューサ

夏子さんの家には、かつてメデューサがいたという。メデューサとはギリシャ神話に出てくる髪の毛が蛇の怪物のことである。

「ええ、つまり蛇女です。髪の毛がぜんぶ赤い蛇で、目玉はまん丸、昔ながらの琉装で、よく居間に出たんです。おそらく女性でしょうね。メデューサと呼んだのは、蛇女って呼ぶより親しみが湧くかなって思って」

平然と夏子さんはそう語る。

「でも家族には見えないんですよ、私にしか見えません。私が居間にある大きな化粧鏡の前に立つと、よく背後にいるのが見えたんです。背後から私のほうを見て、舌なめずりしていました」

ところがいまから何年か前、夏子さんの結婚が決まり、彼女が実家を出てから、ついぞメデューサとは対面していない。

「実家に何度か戻って鏡を見たんですが、もういないんですよ。気配すらありません。でも最近出産したんですけど、妊娠線がまるでのたうつ蛇みたいに見えて少し怖かったんです。はっきりと、こうね、蛇の顔にも見えるんです。チョロチョロと舌まで出して、おまけに牙らしきものも見えたんです。子どもを産んだら、それで消えてしまったんですが。まあ気のせいですよね」

ところで、夏子さんの実家の家紋は非常に変わっているという。蛇を飲み込む、もう一匹の蛇の姿が紋章になっているのである。

母親は答えなかった

そんな夏子さんにはこんな経験がある。

高校生のころ、旧暦の三月三日に、友達からビーチへ行こうと誘われた。いわゆるハマウイである。

浜下り、と書くその行事は、無病息災を願う行事であり、その日に浜の白砂を踏むことによって、魔を祓うという意味を持っている、沖縄全域で見られる風習である。おそらく白浜を踏むだけの風習だったかもしれないが、潮干狩りをやったり、村あしびをして歌い踊ったり、浜辺で直会《なおらい》をしたりと、いろいろな要素が加わっている。もともと参加できるのは女性だけであった。

高校生の夏子さんは、その行事のことはまったく知らなかった。だから友達から誘われて、母親に「友達とビーチに行って来るね」と言って家を出ようとしたときの、母親の怒った表情がいまでも忘れられないという。

「あんたね、何をしにいくつもりね？」と母親は夏子さんを睨《にら》みながらそう言った。

「え、みんなでビーチパーリーするはずよ」

「あんたね、今日が何の日かわかってるね？」

「え、ハマウイとか言うんでしょ」

そう言った瞬間、夏子さんは平手を食らってこう言われた。

「あんた死にたいなら行って来るがいい。もううちの家系の子じゃない」

なんて馬鹿なことをこの母親は言うのだろう。小さい頃からこんなことばっかり。

夏子さんは怒り心頭、凄い勢いで家を飛び出した。

そのまま友達の家に向かい、バスに乗ってみんなで糸満のビーチに向かった。そこはジョン万ビーチと呼ばれる場所で、あのジョン万次郎が上陸したことで有名な浜辺である。

友達はバスを降りると、はしゃいで先に浜に向かった。夏子さんはその後ろからぼんやりと歩いていた。

と、草むらから、ひょろりと姿を現したものがいる。

蛇である。見たこともないくらい大きな赤い蛇だった。蛇は小道の真ん中にとぐろをまき、夏子さんをじっと見据えたまま動かない。

夏子さんとその巨大な蛇は、青空の下、しばし対峙《たいじ》した。

なぜだか、浜に下りてはいけない、と夏子さんは強く思ったという。

しょうがないので、そのまままきびすを返して、ひとりバスに乗った。

家に戻ると、母親が待っていた。

そして、

「会ったでしょ」

と、夏子さんを睨みつけた。

「え、何が？」

「会ったでしょって言っているの」

「誰に？」

母親は答えなかった。

ハマウイ

そんな夏子さんの家には、こんな伝承があった。ハマウイのもとになった民話の話である。

昔、夏子さんの祖先に非常に可愛いチラーという名前の女性がいたという。そのチラーのもとには、夜な夜な美しい少年がどこからともなく現れて、彼女を誘惑した。いぶかしんだ母親は、どこの誰なのか探るために、やってきた美男子の着物のすそに目印の針と赤い糸を刺したところ、次の日、赤い糸のついた針が刺さったアカマター（蛇）が見つかった……。

沖縄に広く伝わる民話では、その後、そのアカマターに妊娠させられた女性は、浜辺の白砂を踏むことにより蛇の子を堕胎して、一件落着となる。一説にはイラブー（海蛇）は、その子孫であるという。しかし夏子さんの家に伝わる伝承は、まったく違う。

「うちに伝わる話では、チラーは浜辺に行きませんでした。そのまま、子どもを産んだんです。本当かどうかは知りませんけど、そんな話です。だから私は伝統に従って、いまは旧暦の三月三日は海に近寄りません。それだけです」

いまでも時折、蛇がいきなり目の前に現れることがあるというが、慣れてしまったので、夏子さんはもう別段驚きはしないという。

缶コーヒーをもういっぱい

ユタの和美さんはよくセーファウタキ(斎場御嶽)に呼ばれる。誰に呼ばれるのか。セーファウタキには当然のように神様もいるが、それ以外も沢山いるという。特に御嶽の下のほう、ウローカー(聖なる井戸)の横にある、沖縄戦当時、日本軍の高射砲の陣地だったところには、日本兵がまだ沢山いて、塹壕の中を走り回っているのがはっきり見える、とユタの和美さんは言う。

「はー、あんたたちよ、可哀想にねえ。戦争はもう終わってるのに」

何度も声をかけてみるが、彼らは聴く耳を持たない。それよりもびっくりするのは、次第しだいに日本兵の数が増えていることだった。

そんな和美さんがある日、セーファウタキに呼ばれたとき、「コーヒーが飲みたい」という声を聞いた。神様がコーヒー飲みたいだなんて変だねえ、とは思いつつ、和美さんは缶コーヒーを沢山買い込んで持って行った。

いつものようにセーファウタキを廻ったのだが、コーヒーが欲しいと言っている神様の存在は感じられなかった。

その帰り、運転手代わりの夫が、コーヒーを飲みたいと言い出した。夫は運転しながらそれを飲んだが、缶に口をつけるなり渋い顔でこんなことを言った。

「ええ、このコーヒーよ、まずいやっさぁ」

そこで和美さんも一口飲んでみたが、まったく味がしない。なんとも甘くなく、まるで生ぬるい水のようであった。

「あきじゃびよぉ。ぜんぶ、飲んだんだねえ」と和美さんはひとりごちた。

死んだ魂は人間の食べ物の味を抜き取ることがあるというのを聞いた事があった。

若い日本兵の顔が、和美さんの脳裏に浮かんだ。


その夜、寝ていると、枕元から、ずる、ずるという音がする。見上げると、血だらけの若い日本兵が和美さんの顔をぬうっと覗き込んでいた。

「あんたか、コーヒー欲しいんかね」と和美さんは言った。

ちがう、と日本兵が言った。

「じゃあ酒ね」

ちがう、とまた言った。

「じゃあ食べ物ね？　冷蔵庫にあるさ。食べていきなさい」

ちがう、とまた日本兵は言った。

「じゃあ、何が欲しいんかね」

すると日本兵はこんなことを言った。

ありがとうを言いに来た。

私たちを忘れないでいてくれて。

ああ、そういうことか、と和美さんは思った。

日本兵は深く頷《うなず》くと、それっきり姿を消したという。

「あんたたちのこと、忘れるもんかね。こちらこそお国を守ってくれて、ありがとうね」

いまでもセーファウタキを訪れるときには、必ずウローカーにも寄って、和美さんは缶コーヒーを一つ、線香と一緒にお供えしてくるという。

兵隊とシャボン玉

豊見城《とみぐすく》に旧海軍司令部壕跡という沖縄戦当時の日本軍の戦跡がある。そしてその近くには、長い滑り台のある公園がある。その公園にまつわるお話。

ある日の夕暮れ、近所に住む宮平《みやひら》京子さんと娘のあめりちゃんが二人で公園のベンチに座って、シャボン玉を飛ばしていた。空は茜色に染まり、親子連れも徐々に家路についていく時刻だった。

早く帰ろう、と京子さんはあめりちゃんに言ったのだが、彼女はそんな言葉に耳を貸そうとはしない。

「ねえねえお母さん、あめりのシャボン玉、赤とんぼさんだよ」

あめりちゃんは、自分のシャボン玉が赤とんぼのように夕暮れの空を舞っているのが得意で仕方がないようだった。そのままベンチから立ち上がり、シャボン玉をプワーッと吹き出しながら、滑り台入り口の方へと歩いていく。

ふと見ると、あめりちゃんの横に、逆光で影になった姿の人物が直立不動のまま立っていた。京子さんが見ていると、あめりちゃんはその人物の前で立ち止まり、そのまま泣きそうな顔でベンチまで走ってきた。手に持ったシャボン玉は、ほとんどこぼれて空になっていた。

「あめり、どうしたの？」と京子さんが心配そうに聞いた。

「おじちゃん、血だらけ。怖い」

あめりちゃんはそれだけ言うと、シクシクと泣きはじめた。

京子さんが見上げると、滑り台の近くに焼け焦げた軍服を着た兵隊が立っていた。

顔はどす黒く、焼けただれている。

破れた軍服の右肩からあらわになった皮膚は、夕日のせいか真っ赤に染まっていた。

次の瞬間、あめりちゃんがさっきまで吹いていたシャボン玉が風に乗って戻ってきて、兵隊の身体の中をサーっと通過した。

それから兵隊の姿は次第に薄くなり、視界から完全に消えた。

複数のシャボン玉だけが、夕刻の空に赤とんぼの群れのように漂っていたという。

兵隊と焼きそば

次の日からあめりちゃんの様子がおかしくなった。

「あのね、お母さん。あの兵隊さん、きっとシャボン玉がしたかったんだよ」「いやだ。あめりは兵隊さんとシャボン玉で遊ぶ」「だって遊びたいんだもん」

そういってあめりちゃんは駄々をこねて大泣きしたという。

あまりにも公園に行きたい、行きたいとねだるので、京子さんは一度だけということで、再びその公園でシャボン玉遊びをさせることにした。時間は、夕方をさけて朝の十時にした。その時刻ならなんだか安全な気がしたのである。

それから昼過ぎまで、あめりちゃんは一人でシャボン玉を飛ばしていたが、別段変わった様子は見られなかった。そこで京子さんは安心して家に帰った。

家に帰って昼ご飯の焼きそばを準備していると、台所にあめりちゃんが来て、こんなことを言った。

「お母さん。ハチミネさんも何か食べたいって」

「え、誰のこと?」

「ハチミネさんだよ。あめりのお友達の」

その瞬間、京子さんは背筋がぞーっとして、食卓の方をおそるおそる振り向いた。誰もいなかった。普通にテレビがついている。京子さんはホッと胸を撫で下ろした。

「おかしなことを言わないで。そんな人どこにいるのよ」

「ウートートゥーにいるよ」

それを聞いて京子さんはまたぞっとした。ウートートゥーとは、あめりちゃんにとっては、仏壇のことである。怖くなった京子さんは料理の手を一旦止めて、急いで仏間へ向かった。

仏間に近づくに連れて、強烈な線香のにおいが漂ってくる。仏壇の扉は閉まっていたので、京子さんは怖かったが、ゆっくり開けた。

仏壇の中には、見知らぬ人の背中があった。カーキ色の焼け焦げた服だった。それが仏壇の中に押し込まれていた。京子さんは絶叫して扉を閉めた。

しばらく心静めて、もう一度、扉を凄い勢いで開けた。カーキ色の背中はもう消えていた。

「あめり……正直に答えてね。あの兵隊さん、どうしたの。あめりが呼んだの？」

「そうだよ。だってお腹すいたって言ったから」

「あめり、絶対に呼んじゃいけないの。なぜならあの人は、死んでいるの。あめりは生きているの。このふたつは混ざってはいけないの。わかる？」

「だって、お昼はお母さんが焼きそば作るよっていったら、食べたそうだったから……」

京子さんは、仏壇に向かって、大声で怒鳴った。

「絶対許しません！　私の家に見知らぬ死人が入ってくるなんて、言語道断。許しません。出て行きなさい！」

すると、その声に反応するように、小さな光の球が仏壇から現れると、そのまま風に吹かれるシャボン玉のようにゆらゆらと揺れながら、閉め切った台所の窓を通り抜けて、大空の中へ吸い込まれていった。

「焼きそばが食べたかったんだって」とあめりちゃんがもう一度言った。

京子さんは完全に頭にきて、こう怒鳴った。

「私の焼きそばは、死んだ人のものではありません！」

それから、二度と兵隊は京子さんとあめりちゃんの家には来なくなったという。

閉鎖されたウタキ

ウタキ（御嶽）は、沖縄の村むらにとって、伝統的な信仰のよりどころである。そのほとんどが、村を守護してくれるカミを祀った場所であり、カミの依り代《よりしろ》がある。ところが沖縄島北部の、あるウタキは、どうやらそうではないらしい。

昭和五十年、そのウタキは急に閉鎖され、入口にはロープが張り巡らされ、立ち入り禁止の看板が立てられた。その後すぐに祠《ほこら》は解体されて、更地になってしまった。その場所で首を吊るものが続出したためだという。理由はよくわからない。

そのウタキのそばには小さな川が流れているのだが、時折キャンプに来た人たちが、その川に白装束の女性が仰向けに浮かんでいるのを見たと一一〇番してくる。白装束の女性は、水面に長い髪の毛を海草のように広げながら、そのまま深みへと消えていくという。

あれは過去に自殺をした祝女《ノロ》（祭祀を司る神女）の姿だとか、失恋してフリムンになった女だとか、諸説あるがどれも確証がない。わかっているのは、そこで自殺者が多発し、そしていまもそれは続いているということぐらいである。

怪魚

沖縄島北部のとある川には、怪魚がいるとされている。
それは川の深みに潜み、たまりで泳ぐ子どもをじっと辛抱強く待っている。そして怪魚は、その瞬間、水面ギリギリまで浮かび上がり、子どもの足をひっぱり、溺死させるという。その姿を見たものは、いままでひとりもいない。

昔、一人の釣り人が、その話を聞いて、九州からはるばるやってきた。その怪魚を釣ってやろうと、狙ってきたのだ。しかし結果はいわずもがなだった。はたして釣り人は、いつの間にか深みにはまり溺れたらしく、川面にうつ伏せになって漂っていたところを発見された。

もちろんその後も、怪魚の姿を見たものはいない。
ただ、その九州からやってきた釣り人は、その深みに時折現れて、川面にうつ伏せになって漂っているのだという。

守り神

新城《あらぐすく》さんの庭には樹齢二百年ほどのリュウキュウマツの木が立っていた。だが松くい虫にやられて枯れてしまったために、ショベルカーで倒して撤去することにした。

倒されたリュウキュウマツをクレーンで持ち上げてみると、そこに入口が一メートルくらいの鍾乳洞《しょうにゅうどう》が現れた。目視《もくし》できる限り、かなり奥まで続いているように見える。さらにその奥に、木製の小さな祠があるのが見えた。かなり古い。

と、その横に、着物姿でおかっぱ頭の真っ白な顔の女の子が、ちょこんと座っていた。

人がいる！

現場は騒然となったが、冷静に考えてみれば、こんな場所に子どもがいるはずがない。それから何度も内部を調べたが、子どもの姿など確認できなかった。だが作業員の何人かは、確かにそこにいたと証言した。

それからしばらくして記録的な大雨が降り、土砂が崩れて、鍾乳洞の入り口は土の下に戻ってしまった。

新城さん自体は、そのリュウキュウマツの由来は知らなかったが、倒した直後、近所のお年寄りからこんな言葉を聞いた。

「あれは根《ね》の国（琉球の神々がいる場所）に続いている樹だから、伐らんほうがよかった」

「でも枯れてしまったよ」新城さんは言い返した。

「だからよ。不吉なことが起こるさぁ」

「不吉だなんて失礼な。木が枯れたまま放置するほうが不吉だろ」

新城さんはそのお年寄りの言葉に大変腹を立ててしまった。

しかし、それからほどなくして、新城さんの家は、火事になり全焼した。

リュウキュウマツがあの家を守っていたのだが、守り木の死とともに、あの家も死んでしまったのだろうと、人々は噂した。


ある沖縄の離島での話である。

凪

真夏の昼の三時頃。釣り師の名城《なしろ》さんは、テトラポットの上で釣り糸を垂れていた。しかし急に釣れなくなった。風も吹かなくなったし、波もほとんど停止している。しかも後ろの道路の車の通行もぱたりとなくなってしまった。タバコを吸おうとしてポケットをまさぐった。その服の衣擦《きぬず》れの音だけが、ヴィヴィッドに聞こえてくる。

まるで何かの谷間か空間のポケットに落ちたみたいだ、と思った。

と、沖合十メートルくらいのところに、何か浮かんでいる。

たぶん中学生ぐらいだろうか。頭だけ水面に出し、歯を見せてニヤニヤ笑っている。

「坊主、そんなところにいたら、危ないぞ」と思わず声をかけた。

次の瞬間、子どもの頭部だけがポーンと上昇し、くるくる回転しながら五メートルくらい手前の海面にジャボーンと水しぶきを上げて着水した。

着水する瞬間に、子どものけたたましい笑い声が聞こえたという。

座間味島での話だ。

ニトン爆弾

沖縄が本土に復帰した直後のこと。

とある離島には、海岸に砲弾を受けて難破した上陸用舟艇《しゅうてい》や戦車の残骸、砲弾などがそのまま放置されていた。

その中にニトン爆弾らしきものが一つ、そのまま放置されて錆び付いていた。

あるとき、アメリカ兵が数人やってきて、二十メートルほど離れた場所から、そのむき出しの爆弾に向けてこぶし大の石を投げて遊んでいた。

すると、その中の一発にカン！　と命中し、その後爆発。アメリカ兵の一人が破片の直撃を受けて亡くなった。

「だからもう四十年以上昔の話になるんだが、いまでも海岸で石を投げている米兵を見る人が多くてね。でも実際はいないわけよ。そいつも馬鹿なことをしたもんだね。そのせいでうちには帰れない。ずっとここで石を投げつけているわけさ。多分永遠にね」

役場のお年寄りが、そんな話を教えてくれた。

デイヴィー

ダイビングショップを経営していた水納《みんな》さんの話。

1960年代の終わり頃、慶良間諸島の海に、米兵五人を船で案内したことがあった。彼らは、そのままベトナムの戦場へ赴《おもむ》く予定であった。

水納さんは過去にも米兵たちを案内したことがあった。英語が喋れたので、彼らとコミュニケーションを取ることに問題はなかった。

水納さんが操縦する船は、慶良間諸島のダイビングポイントにたどり着いた。米兵たちは一人、また一人と海に飛び込んでいった。彼らは海軍の所属で、仕事でもアクアラングを使うことに慣れているため、水納さんはただその場所に案内して、自由にさせておくのが常だった。

ところがその日は十分もたたないうちに、全員が船に戻ってきたという。マスクを外したその顔は青ざめており、呼吸は異様なほど乱れていた。

「どうしたんですか？」と水納さんは聞いた。

「デイヴィー……」と一人が興奮した様子で言った。「あそこにデイヴィーがいた！」

「デイヴィーって誰ですか？」と水納さんは聞き返した。

ところが全員下を向いて答えない。

そのうち一人がこう言った。

「酒を持ってこよう」

すると船に持ち込んでいたジョニー・ウォーカーやホワイトホースなどのウイスキーを、彼らは蓋を開けて海の中にドボドボと注ぎ始めた。

その行為を水納さんは黙って見ているしかなく、結局船は港に引き返すことになった。

「デイヴィーは俺たちの小隊の二等兵だった」

船を下りる寸前に、一人の米兵がそんなことをボソリと言った。過去形だった。

あんなにはしゃいでいた米兵たちが、まるでお通夜のように押し黙っている。

「それで？」

水納さんはそう聞いてしまった。

すると先ほどの米兵が吐き捨てるように、こんなことを言った。

「奴はあの海底にいて、マスクもつけずに俺たちを手招きしていた。お前、信じるか？」

水納さんが答えるのを待たずして、彼らは次々と船を降りて行った。

ホセ

「ホセ」という名前のバーが昔コザにあった。沖縄が本土復帰した直後、コザが沖縄市になる前のことだ。ホセを経営していたのは、やはりホセというブラジル生まれの男性で、アルゼンチン出身の奥さんと二人でバーを経営していた。

ところがある夜、マスターのホセは、店内で始まった米兵同士の喧嘩に巻き込まれて、トイレの壁に頭部を強く打ち、そのまま死亡してしまった。奥さんはしばらく人を雇ってホセの経営を行っていたが、それも半年後には完全に閉めてしまったという。

それから城崎《しろざき》さんという男性がそこを借り、別の名前で新しくバーを始めた。

ところが閉店時間になると、時折トイレから怒号のような意味不明の声が聞こえてくることがあった。開けても無論トイレには誰もいない。

ある夜のこと。午前三時、閉店の時間となり、城崎さんが店を出て表のドアの鍵を閉めていると、店内からドアを蹴り倒すような激しい音が聞こえてきた。

目を細めて店内をガラスの隙間から見ると、血だらけの浅黒いラテン系の男性が、トイレのドアの隙間からこちらを伺っているのが見えた。

両目が暗闇の中でギラギラと光っていた。

ぞっとした城崎さんはすぐにシャッターを閉めた。

「でも私はそういうことを信じないようにしているんです」と城崎さんは語る。

「ずっと無視していました。でもお客さんの中にも見える人はいるもんで、たまにトイレで外国人から腕を掴まれたとか言うんですよ。いや可哀想だとは思いますよ。でもどうすることもできなかったんです」

それが終わりを告げたのは、一年後のこと。

その噂を聞きつけたホセの元の奥さんが、店を訪れた。

彼女は何も言わずにトイレに駆け込むと、そこで亡き夫の名前を悲鳴のように連呼した。ホセ、ホセ！　それはそれは心に染み渡る声だったという。

そして二十分後、涙をボロボロ流しながら、彼女は一人で店を出て行った。

それ以来、ホセの幽霊は店の中に出ることはなくなった。

バケツの穴

昔、沖縄市のバーにベラフォンテという名前の幽霊が出た。本当の名前はドーソン。二等兵だったという。

夜中、バーが終了し、バーテンダーが掃除をしていると、どこからともなく「バケツの穴」という歌が聞こえてくる。それはもともとヨーロッパ民謡だったのを、ハリー・ベラフォンテという歌手が英語で歌って大ヒットした曲だった。

バケツに穴が開いたんだよ、どうにかしてくれないか、と歌声が聞こえてくると、バーテンダーは陽気に、こう歌い返す。

Do the Best Baby!（ベストを尽くせ、ベイビー）

すると途端にその歌声は収まったという。

南側の壁の隅には、J・R・DAWSONというサインが彫られていたというが、これを彫った本人は、非番のときに酔っ払って、泡瀬の路上で車に轢かれて死んでしまったという。そのドーソンが好きな歌がこれだった。

「でもまあ、こんな話を知っているのはもうほとんどいないけれどね」そう語るのは長年アマチュアの50年代コピーバンドで活躍していたKさんである。

「みんなlegend（伝説）になり、myth（神話）になるんだ。そして、忘れ去られて、誰の口にも語られなくなったら、それで天国に行くんだろうね」

ドーソン二等兵に会ったことはあるんですか？　と尋ねてみた。

「俺？　もち、あるさ。一緒に酒も飲んだよ。いいやつだったね。もう一度歌声を聴きたいもんだよ。時々はうちのボーカルとして歌ってたからね。日本が大好きでね。奈良の大仏の絵葉書をなぜか何枚も持っていたよ。それと宮古島のマムヤの墓のもね」

一度、Kさんが閉店間際のバーでトイレから戻ってくると、ベラフォンテことドーソンが酔っ払って植え込みの中にゲーゲー吐いていた。

ああ、ドーソンめ、今日も飲みすぎやがったな、とKさんは思い、コーラルドライをベストソーダで割ったいつもの酒を飲み干した。

「マスター」とKさんは言った。「ドーソンが……」と言いかけて、相手がすでに鬼籍に入っていることを思い出した。もうその場所にベラフォンテはいなかった。

「なんですかね」とマスターが言った。

「なんでもない。ドーソンを見たような気がしたんだ」

「ドーソン？　ああ、そういうこともありますよね」

それから小さな声で、こう呟いた。

Do the Best Baby!

そしてマスターは、何もなかったかのようにグラスを拭き始めた。

そのバーも現在は取り壊されて、もうない。

「いろんな意味で象徴的な歌だったね。街はとことん変わってしまった。いろんなものが神話になって消えていったよ。バケツの穴は、俺のここにもいま、あるんだけどね」

そういってKさんは胸を悲しげに指差した。

ホー・チ・ミン

花城《はなしろ》さんの家は、向かって右手が隣のマンションの壁面になっている。北向きなので窓などはなく、ただクリーム色の壁面が三階まで広がっている。

ある旧正月の夜中、花城夫妻は、タクシーで親戚の家から帰ってきた。自宅に近づくと、そのマンションの壁一面に、白い髭を生やした老人の巨大な顔がくっきりと映し出されているのが見えた。まるでどこからか投影しているような明るさだった。

その巨大な老人は、タクシーが近づくと、目をガッと見開き、口をあけて驚愕《きょうがく》の表情を浮かべた。「あれは……」タクシーの運転手は、小さな声をあげた。

タクシーが家の前に停車すると、顔はいきなり後ろを向き、マンションの壁面から消えた。

花城さんの奥さんは、悲鳴を上げた。

一体誰の顔なのか、いまとなってはわからない。

ただ花城さんは、その巨大な顔が、ベトナムのホー・チ・ミン大統領にそっくりだったということだけは、覚えているという。

焼身

里美さんのアパートの隣には、もうひとつ三階建てのアパートが建っている。

その屋上に、時折、人が立っているのが見える。

病院着のようなモスグリーンの甚平《じんべえ》を来て、屋上でタバコを吸っている。

やがてその人は身体中にガソリンのような液体をかぶり、そのままタバコの火をつけて燃え上がる。

夜の仕事をしていた里美さんは、仕事から帰った午前四時頃、ベランダでタバコを吸っていると、何度もその光景を見た。

あの人、死んでからもずっと同じ事を繰り返しているんだ、と里美さんは思う。

私はそんな人生はイヤ。

絶対にイヤ。

里美さんはその当時、付き合っていた男性に騙されて、一千万円ほどの借金の保証人になっていた。どうしようもなくなって、近いうちに残波岬から身を投げて死のうと思っていたという。

「でもそれを見て、私は死なないことにした。あんな一生はゴメンだから」

彼女は現在、那覇市でキャバレーを経営している。

みんな、その男性のおかげだと、彼女は語った。

「でもその人、まだいますよ」と彼女は言う。

もう十五年も前の話なのにね。

盛り塩の小皿

那覇市の国際通りの某ビルでの話である。

その日、金城《きんじょう》さんは友人と共に、最上階のバーで飲んでいた。途中で友人がトイレに行くといって席を立った。金城さんはおつまみを食べながら友人の帰りを待った。

すると隣のテーブルに、いつのまにかグレイのジャケットを着た髪の長い女性が座っている。いつからいたのだろう。見るとテーブルには飲み物もなく、手はだらんと両側に下げて、頭はうつむいている。

そして聞こえはしないが、何かブツブツと喋っているかのように唇が動いていた。

しばらくして友人が帰ってきた。

「すまんすまん」

金城さんはすかさず視線で「ほら、ほら」と指し示した。

「隣の女、様子が変じゃないか?」小声で付け加える。

友人もチラッと見てから、妙な顔つきで「なんじゃあれ」と言った。

しばらく隣を気にしながら飲んでいると、バーテンダーが突然やってきた。何か注文でも取るのかと思ったら、隣のテーブルの女性に盛り塩の載った小皿を一つ、すっと置いた。

　すると女性はいきなり席を立ったかと思うと、入口のほうへ向かった。金城さんたちの見ている前で、女は入口横にある等身大の鏡の前で忽然とかき消えてしまった。

　それをポカンと見つめていると、さきほどのバーテンダーが再びやってきて、盛り塩の小皿を何事もなかったかのように、さりげなく回収していった。


　金城さんと友人はあまりに恐ろしかったので、何も聞けなかったという。

裏にたくさんありますからねえ

本土出身の城田《しろた》さんが石垣島の民宿に泊まったときのこと。

その民宿の部屋は二階にあり、その他にも少し離れた場所にコテージ風の木造家屋が三軒あった。朝になると城田さんが泊まっている母屋の一階でみんな朝食を食べる決まりになっている。

民宿の女将さんから、朝七時から朝食だよと言われ、城田さんは寝ぼけ眼《まなこ》で階段を降りて、一階に向かった。腕時計を見ると六時四十分ごろだった。

ちょっと早いけど、いいかと思い、食事場所のドアを開けた。

すると団体客でも宿泊していたのか、十人以上の人々でごった返している。というか、座る場所がない。みんな早起きなんだなと、とりあえず女将さんに挨拶しようと思い、キッチンへ向かった。

すると民宿の女将さんは味噌汁の入った鍋をかき混ぜている最中だった。

「おはようございます」と城田さんは言った。

「あれ、早いさ。おはよう」と女将さんも挨拶を返してきた。「あのさ、もう少しかかるから、テーブルで新聞でも読んでいなさい」

「ええっと、テーブル一杯だったもんで」

「どうして？」

「団体さんでごった返していますよ」

「それはおかしいねえ」と女将さんは急にいぶかしんだ。

「今日の宿泊客はあんた入れて四人だよ」

そこで二人でテーブルの部屋へ向かってみると、そこはがらんとして誰もいなかった。

「ああ、すいません。誰もいませんね」恥ずかしくなって城田さんは言った。

「今日は沖縄の旧盆の日だからねえ。そういうこともありますよ。気にしないでね」

「え、はい……」

あんた夢でも見たんじゃない、とでも言われるのを覚悟していた城田さんは、そう言われて急にバツが悪くなった。

「前にもあったんですか？」と城田さんが聞くと、女将さんがこう応えた。

「しょっちゅうよ。お墓、裏にたくさんありますからねえ。あとで見てくるといいですよ」

その日の朝食は、いつになく味気がしなかったという。

ナカニシニ ムタリーン

那覇市若狭に住む老人会の大嶺《おおみね》さんから聞いた話である。

大嶺さんがまだ小学生の頃、夕暮れどきに何人かの友達と遊んでいると、ある女の子がいきなり変なことを言い出した。

「ねえねえ、いま声がしなかった？」

「声なんか聞こえないよ」大嶺さんはそう言った。

「聞こえたよ。おーいって聞こえたけど」

大嶺さんはもう一度耳を澄ましたが、何も聞こえない。

「そういえば、ここには仲西《なかにし》へーイっていうマジムンがいるばーよ」誰かが言った。

そのときだった。

向こう側の橋のたもとに、何かが立っていた。

まるでかげろうのようにぼんやりとして実体のない、人の形をしたものが、手を振りながら「おーい」と叫んでいた。

女の子は、思わず返事をしてしまったという。

「おーい、ここだよー！　仲西へーイ！」

「その後どうなったかって？」大嶺さんは語った。

「その子は次の日から行方不明で、それ以来発見されていないよ。二日後くらいに警察が来て大きな問題になって、学校でもそんなことをしないようにって通達があったよ。もうさ、仲西へーイに神隠しにあったわけさ。そういうのを方言で、ナカニシニ　ムタリーン（仲西に取り憑かれる＝さらわれる）って言うさぁね」

大嶺さんは、真面目な顔でこの話を締めくくった。

「いまの子どもたちも潮渡橋で仲西へーイを呼び出したりなんかしたら、えらいことになるよ。これ、本当の話だよ」

潮渡橋は現在でも国道58号にあり、交通量の多い橋として知られている。

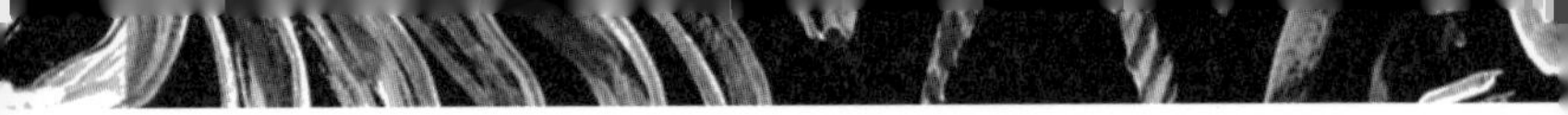

鉛筆コロコロ

ある日、眞喜屋《まきや》さんというイラストレーターの女性が、山原《ヤンバル》に旅行をした。自分と同じ眞喜屋という名の集落《むら》があったからだ。車の免許がなかったので那覇からバスを乗り継ぎ、何時間もかけてそこの民宿に到着した。

彼女にあてがわれた部屋は八畳くらいの古民家の部屋で、壁面に使われていない造りつけの仏壇があった。

その頃、彼女は仕事のことで悩みを抱えていた。クレヨンで描いた絵の個展をする予定であったが、なかなかうまくいかない。デッサンから何からすべてにおいて行き詰まってしまっていた。そこで息抜きとインスピレーションを得る目的で、そのむらにやってきたのだ。

夜になり、民宿の部屋でクレヨンでいろいろと絵を描いてみたが、どうも気に入る絵が描けない。私には才能がないのかもしれない。そんなことをぼんやり考えながら、一息ついていたときのこと。

隣の部屋から何かがコロコロと転がってきた。

見ると古びた鉛筆だった。

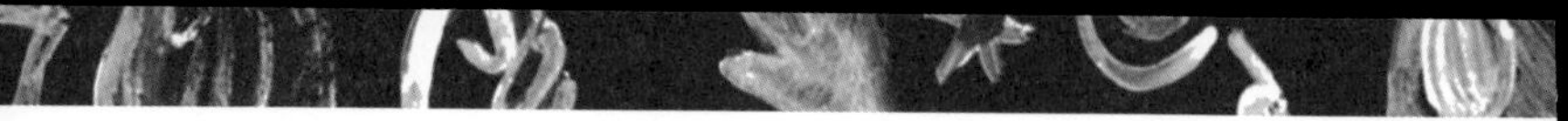

見上げるとそこは造りつけの仏壇で、どうやら鉛筆はそこから転がってきたようであった。

でも、どうして？

民宿の部屋で彼女は固まってしまった。

転がってきたであろう棚のところを覗きこんだが、そこには何もない。

誰もいない部屋の中で、彼女は怖くなり、しばらく身動きができなかった。

でも、と彼女は唐突に考えた。

もしかしたら、これは絵が描けなくてモヤモヤしていた私に業を煮やしたご先祖様が、「クレヨンの代わりにこれを使え！」と言ってくれているのかもしれない。

「そうか。鉛筆で下書きを描いて色を塗るという方法もあるよね」

彼女は転がってきた鉛筆を使って、さっそく下書きを始めた。

それから、彼女の創作は順調に進み、クレヨンから色鉛筆に筆を持ち代えて、無事個展も終了することができた。

あの鉛筆がどこから来たのかわからないが、いまでも忘れられない思い出なのだという。

其之弐《たーち》

バンシルーの女

I hate you

1992年の話である。

嘉手納の近くの外国人向けマンションの五階に入居をした宮城《みやぎ》ミカさんは、その部屋が大変気に入っていた。十二畳のフローリングの広い部屋は、若い宮城さんにとっておしゃれで素敵な物件だった。ビル自体が何らかの理由で競売に出されて、日本人向けマンションにリノベーションされたのだった。

引越しした次の日、キッチンの下の棚を掃除していた宮城さんは、一枚のメモ用紙を見つけた。そこには殴り書きの英語でこう書かれていた。

To Michael　I hate you

マイケルへ。あなたが嫌い。

ただそう記されていた。

その殴り書きを最初、くしゃくしゃにまるめて廃棄しようとしたが思いなおして、そのまま皺《しわ》を伸ばし、宮城さんは財布にしまいこんだ。なぜだか捨てられなかった。持っているだけで涙が溢れ出し、捨てるには悲しすぎると思ってしまったのだ。

その夜から米兵の夢を見るようになった。

迷彩服の兵隊と自分が激しく口論をしている夢だった。夢の中の自分が日本人であるのはなんとなくわかるが、喋っているのは英語である。やがて相手に顔を殴られると、首を絞められて、床の上に押し倒される。

そこで目が覚めた。全身滝のような汗をかいている。

これが一週間も二週間も、果ては三ヶ月の間、頻繁に続いた。

これは何かあるだろうと、精神的にも追い詰められた宮城さんは、ある朝マンションの管理会社に出向いて話をした。

「あの部屋何かありません？　毎日米兵に首を絞められる夢を見るんです」

応対をした若い女性は、最初は「知りません。わかりません」と、とぼけていたが、宮城さんのあまりの真剣な訴えに心を動かされたのか、やがて奥に引っ込んで、かわりに年配のスーツを来た男性が現れた。

「ええと、いまから話すのはあくまでも推測だけですが」と前置きした上で、男性は話し始めた。

「五年前ですが、あそこに米兵が住んでいまして。すぐにドイツに転属になったと聞いています。ところが当時彼と付き合っていた沖縄の女性が失踪してしまって、行方がいまもわからないそうなんです。それからこういう事を言われるのは、あなたが最初ではありません。ですので、もしお気に召されないということでしたら、ちょうど三階に同じような部屋が空きましたので、同じ条件で無料で変更させていただきますが、いかがでしょうか？」

「はい、そうさせてください」

宮城さんは咄嗟《とっさ》にそう答えた。


それから米兵の夢はまったく見なくなった。

しかし夜になると、誰かが英語でヒソヒソと囁《ささや》きながら、ドアをノックしてくるのが続いた。開けても誰もいない。

ヒソヒソヒソ。

コンコンコン。

ヒソヒソヒソ。

コンコンコン。

あるとき宮城さんは財布にしまいこんだままの、殴り書きの手紙をなぜか思い出した。そしてそれをドアの表に目立つようにセロテープで貼り付けた。

To Michael　I hate you

それっきり妙なノックの音はしなくなった。
宮城さんはそのことを思い出すと、いまでもなぜだか悲しくなるという。

祓えない

具志堅《ぐしけん》さんの住んでいた那覇市のアパートは、六畳二つとキッチン、バストイレ付きの部屋だったが、家賃が異常に安かった。当時日雇いの大工見習いをしていた具志堅さんにとって、築二十年以上という古さも、むしろ好都合だった。具志堅さんが住んでいたのは三階で、部屋が三つあった。彼の部屋は３０３で、３０２は空き部屋、３０１には六十代の男性が暮らしていた。

引越してからしばらく経つと、隣の部屋から物音が聞こえるようになった。隣の３０２は空き部屋なので、きっと二階の住民の音が聞こえてきたのだろうと、そんな風に思っていた。

だが真夏のある夜、午後十時くらいにテレビを見て食事をしていたら、隣の壁が「ドンドン！」と大きな音で振動した。

そのあと畳の上を歩く足音がこだまして、それから外の鉄のドアが開く音が聞こえた。

ギイイイー、ガッシャーン！

まさか誰か空き部屋にいるのか？

具志堅さんはびっくりしてオリオンビールの缶を持ったまま外に出た。

廊下には誰もいなかった。また自分の部屋の横にある外階段を見たが、そこにも人影はなく、足音もしなかった。３０２の部屋に行ってみたが、やはり鍵がかかっており、電気メーターは停止していた。もちろん部屋の中は真っ暗である。

あれ、下の２０２の人なのかな？　どうにも解せないくらいの大きな音であったが、具志堅さんはそれで納得することにした。

それからしばらくしたある夜、具志堅さんは夢を見た。

グレイハウンドのような大きな犬が近くでほえている夢である。

目を覚ますと、隣の部屋から激しい犬の鳴き声が聞こえる。

ガウガウ！　ガウガウ！

これは絶対に２０２の物音ではない。はっきりと隣部屋であるとわかった。

今度はベランダに出て、隣の部屋を覗き込んだ。ところがそこは真っ暗で、人の気配がしない。いつのまにか犬の鳴き声も止《や》んでいた。

次の日、具志堅さんは仕事終わりに一階に住んでいる濱本《はまもと》さんという大家さんのもとを訪ねた。

「濱本さん、実は隣の部屋なんだけど」

「あれ、どうかしたのかね？」濱本さんの隣にいた奥さんの目が異様に恐怖を帯びた。

「実はすごい物音がしてさ。空き部屋のはずだのに。昨夜はよ、なんか大型犬の鳴き声がしたんだけど、部屋を覗き込んだら電気も点いていなくてさ」

「うー、キーブルダチすっさー。怖いこと言わないで」

「だって本当だのに」

そこで大家の濱本さんは３０２の鍵を持ってきて、二人で３０２の部屋へ行ってみることにした。

濱本さんが鍵を差込み、回した。そしてゆっくりと開けると、さび付いていたせいか、ギギギギと大きく軋《きし》んだ。

と、中から異様な臭気が漂ってきた。かび臭いのとはちょっと違う。腐った臭いに近いが、それも何か違う。

部屋の中には人がいた痕跡はまったくなかった。しかし、バスルームを覗き込んだ二人は大きな声で悲鳴を上げた。

バスタブのないシャワーだけの浴室の床に、半分ミイラ化した大型の犬が横たわっていた。あばら骨が丸見えで、どす黒い固まった血が周囲に広がっていた。シャワー室の壁面には、黄色い短冊に梵字が書かれた謎のお札が貼り付けてあった。

そこはすでに空き部屋となってから一年半経っていた。警察も来たが、何かそれでわかるということもなかった。それから一週間ほどして、濱本さんが知り合いのユタを呼んでお祓いをしてもらった。

ところがユタは途中から大きな声で怒り出し、二十分で帰ってしまった。

「何があったんですか？」

具志堅さんは濱本さんに尋ねた。

すると濱本さんは、こう答えたという。

「祓えないって」

具志堅さんはそれから沖縄市に引越したので、ことの顛末については何もわからないという。

つきしろのムササビ

安次富《あしとみ》さんの家は、南城市玉城《たまぐしく》の富里《ふさと》の近くにある。

富里という場所は、夜中、湿度が高くなると、濃霧が発生しやすい場所である。富里からその近隣の、年月のたったニュータウン「つきしろ」にかけて、まるでポタージュスープのような深い霧が発生するのである。安次富さんがそれを見たのも、そんな濃霧の夜のことだった。

車で糸満の親戚を訪ねての帰りだった。久々に会ったので話が大いに盛りあがり、糸満を出たのが夜の二時くらい。富里に着いたのは、二時三十分くらいだった。

安次富さんの家は二世帯住宅で、一階には両親が住み、外階段で上がったところの二階には安次富さんの家族が住んでいた。

通り沿いの自分の家に近づいてくると、一階にも二階にも電気が煌々《こうこう》と点いているのが見て取れた。見慣れた我が家の光景である。しかしいまは深夜だ。二階の様子もどこかおかしい。家に近づくと、安次富さんは目を細めて、二階の外階段を見つめた。

黒い影が動いていた。

それも尋常な大きさではない。

例えていうなら、体長三メートルの巨大なムササビが、手足を広げながら四つんばいになって外階段を下りているように見えた。

色は真っ黒だったが、全体に毛が生えている感があった。

「おおおぅ……！」安次富さんは思わずそう漏らした。

安次富さんの目の前で、巨大なムササビは素早い動きで外階段を降り、そのままオレンジ色の街灯に照らされた夜の道を、一目散に与那原方向へと走り去ってしまった。

車を駐車場に入れると、外階段を急いで上がって家に入った。

すると深夜二時を過ぎているにも関わらず、奥さんと二人の小学生の子どもが起きていて、なぜかテレビを見ていた。ベランダに続くガラス戸は開け放たれている。

「な、なっ何してる、お前たち？」安次富さんは早口でそう聞いた。

みんな普通に眠りについたが、全員がうなされて同じ時間に起きてしまった。すると、なぜか家の中に変な匂いが充満していたので、窓を開けて換気しているあいだ、テレビを見ていたのだという。

安次富さんが、さきほど見たムササビの話をすると、家族はそんなものは見ていないと言った。

「まぼろしでも見たんじゃない？」

奥さんはあきれてそう言った。

「いや、まぼろしなんかじゃない」

「だって、そんなに大きな動物、この辺りにいないわよ」

次の朝、一階に住む両親が玄関で何か叫んでいた。

安次富さんが何事かと降りていくと、一階の花壇と植木鉢がことごとく割られていた。また植え込みには何かに踏み荒らされた後があった。

いままで何度も濃霧を経験しているが、おかしなことが起こったのはその日だけだったという。

古宇利島の一軒家

美穂さんは昔、古宇利《こうり》島に一人だけで宿泊したことがある。撮影のために一軒家を借り、何人かのスタッフとともに、夜遅くまで仕事をした。やがて撮影が終わると、スタッフもはけて自宅へと帰ったが、美穂さんは一人残って、後片付けなどをしながら一泊することになった。

すると、明け方のことである。何かの拍子で、ハッと目を覚ました。意識ははっきりしている。だが身体がまったく動かない。全身が縛られているかのように、身動きができなかった。

次の瞬間、いきなりシャワー室からシャーッという水の流れ出る音が聞こえてきた。

他には誰もいないはずだ。と、キッチンからも水が流れだした。さらに家の中をドタドタと走り回る足音まで聞こえてきた。

まるではしゃぐ子どもが集団で上がりこんできたかのようだった。

いきなり金縛りがとけて我に返ると、家の中は恐ろしいくらいに静まり返っていた。

「うわー気色わるい。ここには二度と泊まらない」

美穂さんはそう決意した。

それから何年かしたある日のこと。

幼馴染みの里恵さんが、東京から沖縄に戻ってくるというので、美穂さんは、一緒に古宇利島に行きたいと誘われた。一瞬、昔の仕事での嫌な体験を思い出したが、里恵さんがどうしても泊まりたいというので、今度はまったく別のペンションを予約した。今度は大丈夫だろうと美穂さんは思っていた。

ふたりは久しぶりだったせいで積もる話もあり、夜遅くまで喋っていた。それぞれの部屋に戻ったのは大分夜が更けてからだった。

明け方のことである。美穂さんは、ハッと気づくと意識はあるのだが、身体ががんじがらめになったように動けない。金縛りだった。まただ。そう気づくのに時間はかからなかった。

と、どこからか赤ん坊の泣き声が聞こえてくる。

よく聞くと外からではない。

いま自分が眠っているベッドの下から聞こえてくる。そしてそれは、だんだんと近寄ってくるように大きくなってきたのである。

助けて！

美穂さんは必死に里恵さんの名を呼んだ。隣の部屋で眠っているはずだ。だがなぜか美穂さんは、彼女がシャワーを浴びているように感じられ、シャワールームに向かって大声で叫んでいる自分に気がついた。

そのとき、里恵さんは実際にシャワーを浴びていた。シャワーを浴びながら、彼女はなぜか美穂さんが呼んでいる気がしたという。心配に思った里恵さんはシャワーを浴び終わると、そのまま美穂さんの部屋のドアをノックして、こう言った。

「美穂、呼んだ？　大丈夫？」

ところが美穂さんはスヤスヤと吐息をたてて眠っている。

里恵さんは安心して、ドアをそっと閉めた。


目が覚めると、赤ん坊の声はすでに聞こえなくなっていた。美穂さんは全身に脂汗をかいてぐっしょり濡れてしまっていた。

起きた瞬間、美穂さんはなぜだかわからないが、こんなことを思った
あの赤ん坊は絶対に男の子に違いない。

理由はわからないが、直感でそう思ったという。

いまでも美穂さんは夜の古宇利島には絶対に行かないと決めている。

ぐるぐるとなでる

伊礼《いれい》さんはハードコア系のアマチュアロックバンドをやっている。結成してもう十年ぐらいになる。結成当時、伊礼さんの髪の毛は胸ぐらいまであり、ヴィジュアル系を目指して、派手な化粧をして口紅も塗っていた。男性ばかりのロックバンドで、出待ちしている熱心な女性ファンもいたという。

ある朝シャワーを浴びて、座りながらシャンプーをしていた。シャワーの最後に顔を洗い、そのまま髭をそるのが日課だった。

顔中に石鹸を塗り、目をつぶりながら安全カミソリで髭を剃っていく。慣れたものであったが、左の頬を剃っているとき、右の頬に何かが当たったような気がした。だが触っても何もない。何度かそんなことがあったが、別段気にならなかった。きっと長い髪の毛が頬に当たっているんだろう。伊礼さんはそんな風に思った。

だがある朝、髭を剃っていると、剃っている側とは反対の頬に再び違和感があった。また髪の毛が顔にはりついているのだろうかと、シャワーで顔を洗い流した。

それでも頬に違和感がある。

え、これはなんだろう……。

人の指が頬を撫でている。

びっくりして伊礼さんは立ち上がり、鏡を見たが、顔には髪の毛などついていない。

それでもはっきりとわかるのである。女性のか細い指が、伊礼さんの頬を円を描くようにして撫で回している……。

伊礼さんは次の日、病院に行って診てもらうことにした。顔面の神経がおかしくなっているのではないかという恐怖を感じたからだ。だが医者の診断は、異常なし、であった。

しかしそれからも頻繁に、朝シャワーを浴びて髭を剃っている頃合いに、頬の違和感は続いた。明らかに女性の指だ。ぐるぐる、ぐるぐると、円を描きながら頬を撫でている。

「気色悪い！」と、伊礼さんは神社でお札を買ってアパートの玄関の上に貼り付けたり、塩を盛ったりしたが、それでも収まらなかった。

あるとき、那覇でライブがあった。そこはステージと観客が近いライブハウスで、満員の観客で盛り上がっていた。

伊礼さんは、そのステージの上から、右側の客席に背の低いおかっぱの女性が、よれよれのベージュの服を着て立っているのを見た。他の観客がヘッドバンギングして盛り上がっているのに対して、その女性だけは最初から最後まで微動だにせず、ニヤニヤしながらじっと伊礼さんを見つめて人指し指を動かしていた。

ぐるぐる、ぐるぐる。

伊礼さんはあまりの恐怖に歌詞にはない奇声をシャウトしてしまったという。

ステージが終わると、もうその女性の姿は消えていた。

「最近もよくそんなことあるんですよ」と伊礼さんは語る。

その女性が一体誰なのか、未だにわからない。

三線サークルのシージャ

とある公民館での、三線サークルの話である。

その日も、いつものように夜七時に始まった。参加者は十四名。平均年齢六十歳のメンバーは大変盛り上がっていた。ところが、眞志喜《ましき》さんという八十歳の男性だけが、どうも気分が悪いらしく、途中からため息をついたり、うつむいたりしていた。先生が「しんどかったら休んでくださいね」と気遣っても、眞志喜さんは「大丈夫、大丈夫」と繰り返し微笑むばかりで、練習をやめようとはしない。

その後、練習が終わり、そのままみんなで近くのカラオケ店に行くことになった。眞志喜さんも行くといい、「気分が悪いから、ちょっとトイレに行ってからいくので、先に部屋に入っていてちょうだい」と仲間たちに言い残し、自分は公民館のトイレに入っていった。

三線サークルの仲間たちは、近くのカラオケ店に入り、眞志喜さんの携帯に部屋番号を送ってから、カラオケを始めた。しばらく思いおもいに歌い、楽しんだ。いつのまにか眞志喜さんも部屋にいて、唄うことはしなかったが、みんなの様子を微笑みながら眺めていた。

我那覇《がなは》さんという男性が、眞志喜さんの横に座っていた。泡盛も入っていたので、話は結構盛り上がった。我那覇さんは、眞志喜さんとこんな会話をしたのをいまでも覚えている。

「我那覇くん」年下の我那覇さんは、眞志喜さんからそのように呼ばれていた。

「ちょっと聞きたいことがあってね」

「なんですかね。シージャ（先輩）」

「あのねー、グソーってどんな場所かね。楽しいのかね」

「さあどうでしょうねえ。私、まだ死んだことがなくて」

そう冗談を言って、我那覇さんは笑った。

ところがいつもなら笑ってくれるのに、その日の眞志喜さんはニコリともしない。その代わり、こんなことを言ってきた。

「死んだ家内は、今頃どうしているかなあって、そんなことばかり考えてるさ。最近は思い出がバンナイバンナイ（次から次へと）出てくる。あれとは、辛い日もあったけど、楽しい日もあった」

「シージャの奥さん、私、いまでも尊敬していますよ。とても素晴らしい女性でしたよ」

我那覇さんは心からそう言った。それでも眞志喜さんは元気がないように見えた。

しばらくして我那覇さんが他の人と喋っていて、ふと横を向くと、いつのまにか眞志喜さんの姿がなかった。しんどそうだったから帰ったに違いない。我那覇さんはそんな風に思っていた。

ところが、サークル練習のあと公民館のトイレに入っていった眞志喜さんは、あろうことか、その場で脳出血で亡くなっていたのである。遺体が発見されたのは次の日のことだった。

しかしあの夜、カラオケ店にいたサークルの十三人ほぼ全員が、部屋にいた眞志喜さんの姿を確認していた。その姿は元気がなく、どことなく影が薄かったが、それでもはっきりと覚えていた。

それから。

公民館の三線サークルの集まりで、その後も何度も何度も、眞志喜さんの姿が現れるようになった。しかしそれも四十九日を過ぎると、パタリと見えなくなってしまったという。

バンシルーの女

鉢嶺《はちみね》さんの所有する電照菊畑の真ん中には、一本のバンシルー（グアバ）の木が生えていた。バンシルーは生長が早く、実も簡単に収穫できるというので鉢嶺さんはそれを植えた。約三年で大木になり、たくさんの実を付けたが、四年目の夏にひじょうに恐ろしいことが起こった。鉢嶺さんが朝起きて、いつものように菊に肥料をやろうと畑に行ってみると、ベージュの服を来た見知らぬ若い女性が、バンシルーの木で首を吊っていたのだ。

後日伝わってきた話では、その女性は家族のゴタゴタがあったとかで、乗ってきた車も近くに放置されてあった。彼女の家は鉢嶺さんの集落から五十キロも南にある。どうしてここまでやってきたのか、謎だった。もちろん鉢嶺さんとは何の関係もない。

それから三ヵ月後のこと。鉢嶺さんが夕方、一人で畑で菊の世話をしていると、どこからともなく女性の声がした。

「……してください」

「え、何だって？」

びっくりして辺りを見回した。アルバイトの女性か奥さんが何か言いにきたのかと思ったが、周囲には誰もいなかった。

そのかわり、畑の真ん中のバンシルーの木に、首を吊った女性の姿があった。ベージュの服を着た若い女性だった。

「またかっ」

悲鳴に近いような、そんな声が鉢嶺さんの喉から漏れた。

ところが次の瞬間、首吊りの女は、夕日にかき消されるように消えてしまった。


また別の日、夜中、畑の見回りをしていた鉢嶺さんは、電照菊の明るいライトに照らされたバンシルーの木にぶらさがっている女性の姿を発見した。あのベージュの女だ。

ああ、もうやめてくれ。あそこは俺の畑だぞ。なんで死んだ女がいるんだよ。出て行ってくれ。鉢嶺さんは恐怖と同時にやるせない怒りが湧き起こるのを感じた。あんなものがいては、おちおち畑仕事さえ出来ないじゃないか。

そこで次の日、我流でその女を追い出すことに決めた鉢嶺さんは、泡盛一升瓶とヒラウコー(六本一組になった沖縄線香)、そして塩と神社で買ったお札を持って、バンシルーの木に向かった。塩を片手で握れるだけ握って、それを思いっきりバンシルーの木に向かって投げつけた。そして根元に泡盛を全部流すと、幹に神社のお札を貼り付けた。そして最後にヒラウコーを燃やして、根元に置いた。

これで問題ないだろう、と鉢嶺さんは思った。


それから一週間後、今度は隣の集落の四十代の男性が、実際にバンシルーで首を吊っているのが発見された。多額の借金を背負っていたという。

調べに来た警察官が、鉢嶺さんにこんなことを聞いた。

「あの場所ですが、何かいわくでもあるんですか?」

「そんなものは一切ありませんよ」

鉢嶺さんは否定した。

「でも連続二回って、不思議ですよねえ」

「私に言われても……」

まさにそんな気分だった。私のせいなのか? あのバンシルーを植えるまでは、この畑で自殺なんてなかったのだ。あれはなんていうのか、邪悪なもののような気がする。鉢嶺さんは日を追うごとにそんな思いを強く抱き始めた。最初から邪悪だったわけではないだろう。あれは結局、ホームセンターで買ったただの苗木にすぎなかった。ただそのあと、何かが宿ったに違いない。それが人間のマブイ（魂）を食らっているのだ。あれは倒さなければならない……。

鉢嶺さんはある朝、ついに決心した。

ガソリン式チェーンソーを持ち作業小屋から出た鉢嶺さんは、バンシルーの木をあっという間に根元から切り倒した。あらためて見ると全体的に妙に赤っぽい木だった。畑の中に倒れた木を、チェーンソーでさらに小さく粉々にした。そしてその場でガソリンをかけ、ぜんぶ燃やしてしまった。

朝焼けの空に、どす黒いガソリンの煙がいつまでも昇っていた。


それからなんですけどね、と鉢嶺さんは言う。

夜になると、女がいるんですよ。

最初は真っ白い布が、風にあおられてヒラヒラしているように見えたんですけどね。実は違っていたんです。

ベージュのスカートを履いた若い女なんです。それが笑いながら電照菊の畑の中を、こう、フラフラ飛び回るんです。大きな声で「ハハハハ」と笑いながら、私を迫ってくるんです。

一体どうしたらいいんでしょうかね？

鉢嶺さんは現在、非常に悩んでいるというが、いまもって答えは出ていない。ハハハハ。

新聞を読む人

那覇市にあるショッピングセンターで警備員をしている大城《おおしろ》さんは、閉店した後に誰か残っていないか、毎日確認するそうである。たいていの客は、閉店を知らせるメロディがかかるとさっさと帰ってしまうのだが、それでも時折そのまま残っているものがいるという。特に一階の大通路の椅子に座っている、チェックの服を着た大柄な中年男性には手を焼いている。

初めて大城さんがこの男性と会ったのは、そのショッピングセンターが出来た当時のこと。最初のことはよく覚えている。

閉店三十分後ぐらいでしたかね。通路中央の椅子に偉そうに腰を下ろして新聞を読んでいるんです。あまりに馴れ馴れしい態度であったので、てっきりテナントのマネージャーか何かだと思い、きっと誰かを待っているのだろうと挨拶をしたくらいです……。

「お疲れ様です！」

大城さんはその男性に挨拶した。ところが男性は挨拶を無視し、新聞をワシャワシャと音を立てながら読みふけっている。

売り場を一周して戻ってくると、すでに男性の姿はなかった。

ああ、きっとお偉いさんかなんかだな。警備員ごときには挨拶しないんだろうなあ。

大城さんはそんな風に思ったという。

それからもちょくちょくその時刻に、チェックのシャツの男性は、同じように新聞をワシャワシャと読みふけっていた。

その男性が何かおかしいと気づいたのは、それから半年も経ったあとのことだった。

その日はたまたま警備員派遣会社の男性新入社員が同行しており、一緒に閉店後の店内を回っていた。一番大きな通路を歩いていると、やはりいつもの位置に男性が座って新聞をワシャワシャとしていたので、大城さんはつとめて明るく「お疲れ様です！」と声をかけた。相手はいつものように無視。

そしてそのまま通路を歩いて角を曲がったところで新入社員は、がまんできないように大城さんの肘をひっぱった。

「大城さん！　ちょっと、怖いですよ。やめてください」

「なんね。何が怖かった？」

「だって大城さん、誰も座っていないベンチに向かって、お疲れ様ですって大声で叫んだじゃないですか。あれ、何ですか？」

「あれって、あそこに人が座って、新聞を読んでいただろう」

「いいえ。誰もいませんでしたよ」

「まさかや。そんなことないだろ」

急いで戻ると、そこには誰もいなかった。

そこで次の日、ショッピングセンター本部にお願いして、どうしても閉店後の大通路の監視カメラの映像が見たいと申し出た。許可を取るのに時間はかからなかった。

モニター室に行くと、担当の社員のほかに、なぜかショッピングセンターの役員の男性がいる。みんなで大城さんが新入社員と歩いた時刻の監視カメラの映像を確認することになった。

しばらく見ていると、大城さんと新入社員の男性が歩いてきた。音声は録音されていなかったが、明らかに大城さんが片手を上げて挨拶しているしぐさが映っていた。その姿を確認すると、役員の男性は、大城さんの肩を痛いほどつかみながら、こんなことを言った。

「実は私もよく出会うわけよ。タータンチェックのシャツを着た、五十代くらいの男性がワシャワシャと新聞を読んでいる……」

「はい、まさにその通りです！」大城さんも強く応えた。

「でも見ただろ、まったく映っていない……」

その場にいる全員が言葉を失った。

「いまでもその男性をよく見ますよ。でも喋りかけても無駄だから、無視しています。何をするでもなく、そこで新聞を読んでいるだけなんです。実は昼間もそこにいますよ。家内と昼間買い物に来たとき、座っているのがはっきり見えましたからね。家内は言うんですよ。『あなた、混んでいるのにあそこだけ席が開いていているわね』ってね。彼女には見えていないんです」

一体その男性がどこの誰で、なぜ新聞を読んでいるかなど、詳しい話はまったくわからないのだという。

資源ゴミの女

兼城《かねしろ》さんの住む地域の資源ゴミの回収は毎週水曜日である。朝八時半までに透明のビニール袋に入れ、ペットボトル、スチール缶、アルミ缶、紙類などに分類して出さなければならない。

ある日、兼城さんの奥さんが買い物に出てから家に帰ると、駐車場の端っこに朝出したはずのペットボトルの袋が置かれてある。見ると黄色いステッカーが張ってあり、そこにはこんなことが書かれていた。

〈袋の口は固く結んでください　清掃局〉

見るとペットボトルの袋の口がだらしなく開いている。

「あらやだ。ちゃんと閉めたはずなのに」

兼城さんはそう言いながら袋を抱えて家に戻った。

そして次の週の水曜日、朝八時に兼城さんは外に出て、資源ゴミの袋を再び通りに出した。するとの向かいの田仲さん家《ち》の資源ゴミの袋をガサガサしている女性の後ろ姿が見えた。なんとなくその姿が異様だった。

全身オレンジ色のよれよれのドレスを着て、腰まである長い髪の毛はピンク色に染められ、汚れた子豚のポシェットを肩から斜めにかけた女性が、しゃがみこんで袋の口を開けていた。緑色っぽいアイメイクをして、リップはどす黒い血のような赤い色をしていた。前髪のカールした部分だけ、なぜかピンクではなく真っ赤に染められていた。

「うーん、うーん」と女がうめき声のようなものを吐いた。

ああ、これはもしかしたら危ない人なのかも知れない。

と、そのとき向かいの田仲さん家のドアが開いて、奥さんが箒《ほうき》を持ちながら現れた。

「おはよう。ねえ、あの、ちょっと……」

目配せでオレンジの女に注意を促《うなが》すも、なぜか田仲さんは女の横をすり抜け、車道の近くに落ちた枯葉を箒で掃きだした。

「ねえねえ、ちょっと変なのよ」

「ええ、兼城さん、どうかしたの？」

「この人よ、資源ゴミの袋を片っ端から開けているの」

「誰？」

「この人なの」

「だから誰なの。もう行っちゃったのかしら」

ふと見ると、すでに女性の姿はなく、キャッシングローンの違法看板が吊り下げられた電信柱しかなかった。

「あれ、確かにここにいたのよ」

「どんな人だったの？」

「それが……」

二人で周囲をきょろきょろと見渡すも、そのような人影はまったく見当たらない。


それから毎週のように、兼城さんの家のある通りの資源ゴミの袋の口があけられたままになり、ゴミは回収されず、通りの住人の間でも話題になった。一体誰がやったのか。しかしオレンジ色の女性を見たのは、兼城さんだけではなかった。少し離れた場所に住む女性も、そんな女が袋を開けているのを見たといった。

そこで近所の交番に陳情して、資源ゴミの日はパトロールしてもらうことになった。だが警察にパトロールしてもらっても何の解決にもならなかった。警官が自転車で通り過ぎた後、もういちど道を戻って確認してみると、ほとんどの袋の口が開いてしまっていた。警察官は何度も後ろを確認したというが、一体誰がやったのかはわからなかった。


それが急に終わりを告げたのは、半年後のことだった。

通りの一番端にある古い木造家屋が、未明に火事になって全燃した。その家はもう十年も入居者がおらず、以前はとある高名なユタが住んでいたことから「ユタヌヤー（ユタの家）」と呼ばれていた建物だった。現場検証しても火元は特定できなかった。

その家が原因だとは断定できなかったが、とにかくそれ以来、兼城さんおよびその通り沿いの資源ゴミの袋は開けられたことがない。

子どもの都合

玉城《たましろ》さんは、開店したてのゲームセンターのメンテナンスを担当していた。二ヶ月ほどしたころから、その店では、おかしなことが頻発した。

始まりは夜間警備員からの報告だった。夜中に黒い人影がゲームセンターの中を歩いている。近くのトイレに入っていくのを見た。そんな報告が毎日のように入ってきた。そしてそれは玉城さんの管理するゲーム機にも影響を及ぼした。

なぜか北側の一角に設置したゲーム機だけに、故障が起こるのである。それも一台や二台ではない。試しにゲーム機の場所を変えると、まるで何もなかったかのように正常な動作を始める。ところがいままで正常に動いていたゲーム機をその場所に置くと、途端に故障したり不具合が生じてしまうのである。

あるとき、ゲーム機の点検をしていると、若い女性に声をかけられた。

「すいません」

振り向くと二十代の若い女性が立っていた。

「あの……ちょっと来てもらえませんか」

きっと機械のトラブルだろうと思ってついて行くと、女性はくだんの北側の一角に玉城さんを連れていった。ああ、また故障だろうな。そんなことを考えていると、目の前に、パイナップルをしわくちゃにしたような顔をした、やせ細ったオバアが立っていた。

「あんた、店の人ね」そのオバアがいきなりそう言った。「あそこの機械よ」オバアが隅っこにおいてあるパンチングマシーンを指差して言った。

「あれよ、やりたくないって。取替えなさい」

「はい、どなたがやりたくないと？」

「子ども」

「ええと、オバアさんのお孫さんが、あれをお気に召さないということで、よろしいですか？」

変なクレームだと思いながら、玉城さんは聞き返した。

「違う違う。私の孫は、この娘。そうじゃなくてね、ここに埋まっている子どもたちが、あんな人を殴るためのゲームはやりたくないっていうわけさ」

「え、どういうことですか？」

「あんたには見えない子どもが、沢山この場所にはいるわけさ。その子たちは、このゲームセンター全部を走り回れるわけじゃなくて、この隅っこの場所だけしか動けない。だから、せめてその場所に、子どもたちが遊べるようなものを置いてもらえると、きっとお化けも出なくなるっていう話さ」

「お化けですか？」

玉城さんは、知らないふりをした。

「そうだよ。あんた、わかっているだろう？」

「いいえ、全然わかりませんが」

「はっしぇ、嘘《ユクシ》ばっかりつくよ。若いのにねえ」

そういってオバアは孫の女性の手をひっぱってゲームセンターから出て行った。その帰り際、こんなことも言った。

「子どもたちはぬいぐるみのクレーンゲームを置いて欲しいって言ってるよ。そしたら故障はなくなるはずよ。あんた、わかったね？」

「わかりました」玉城さんは反射的に言った。

そこで玉城さんはその夜、店長に事情を説明してから、北側のゲーム機の大掛かりな配置換えを行った。北側の一角には、子どもが好きそうなぬいぐるみや景品を落とすファンシーなUFOキャッチャーなどを置いた。すると、故障はぴたりと止《や》んだのである。

その後、こんなことがあった。玉城さんが店を閉めようとしているときに、店の奥に光が点っており、人の声もする。よく耳を澄ますと、子どもたちの歓声だった。子どもが両手を挙げて喜んでいる姿も見える。しかも沢山いる。

「なんだよ、まさか！」まだ子どもが残っていたのかと、玉城さんは北側の角へと急いだ。

するとすべての電源を切ったはずなのに、なぜかＵＦＯキャッチャーだけが作動している。誰かが操作してぬいぐるみをつかみ、いまにも景品出口に落とそうとしているところだった。

玉城さんが駆けつけると、子どもたちの姿はまったくない。その代わり、景品が落ちて、録音された機械の声が嬉しそうに叫んでいた。

「ヤッタネ！　オメデトウ！」

玉城さんは背筋がぞっとして、動けなかった。


その場所にはワラビンチャー墓《バカ》があったが、土地の区画整理で壊されてしまったと聞く。ワラビンチャー墓というのは、七歳までに死んでしまって、家のお墓に入れなかった子どもたちを弔った墳墓のことである。

「きっとＵＦＯキャッチャーがしたかったんでしょうね。パンチングマシーンにはまったく興味がなかったんですよ」

玉城さんはそう語った。

新築祝いのヒージャー

とある沖縄県人会の方から聞いた話である。

少し昔のこと。東京近郊のとある場所に沖縄出身の長嶺《ながみね》さんが家を建てたので、みんなで集まることになった。沖縄ではこういうときには、決まってヒージャー（ヤギ）をつぶす。「つぶす」というのは、そのままの意味で、ヤギを一頭屠殺して、お祝いとしてみんなに振舞うのである。当時の沖縄では普通に行われていた習慣であるが、本土ではなかなかそうはいかない。しかし長嶺さんはぜひとも集まってくる知り合いや親戚縁者一同に、故郷と同じ歓待方法でもてなしをしたいと考えた。

だが東京近郊で、ヤギを買い求めるのは至難の業であった。そこで長嶺さんが考えたのはペットショップであった。

さっそく何軒かに電話をすると、一軒だけヤギを扱っているペットショップが見つかった。娘のためにペットとして飼いたいと伝えてから、さっそく長嶺さんは車に乗って一時間半もかかるその店へと出かけた。

ペットショップの若い店員はニコニコしながら出迎えて、「電話で問い合わせた者ですが」

と長嶺さんが言うと、すぐに対応してくれた。

「ありがとうございます。この子なんですが、名前はジローくんです」

長嶺さんが見せられたのは、生まれて間もない仔ヤギであった。

「おお、可愛いヒージャー。マーサギサン（おいしそう）」

「マー、なんですか？」

「いえいえ、あの、可愛いなあと」

長嶺さんはジロー君をその場で買い求め、家に連れてかえった。


数日後、県人会の仲間が長嶺家に集まり、新築祝いをかねてオリオンビールを飲み、カチャーシーを踊り、そしてヒージャー料理を味わった。ヒージャー汁、ヒージャーの刺身、ヒージャーのあぶり焼き。

「こんな美味いヒージャーは本土では食べたことが無い」県人会の長老的な存在の男性がそう言った。「デージマーサン（凄く美味い）」「上等上等！」他の者も口々にヒージャー料理を褒め称えた。


それから半年後のことである。

長嶺さんの同級生だった上地《うえち》さんという男性が、やはり本土に家を建てることになり、そのことで相談を受けた。

「長嶺よ、それで新築祝いのパーティをするわけさ。お前も来れるね？」

「もちろん、行くよ」

「それでさ、お願いがあるわけ。お前のところで新築祝いやったときに、ヒージャー料理を出してくれたさ。あれってどこで手に入れたのかな？」

「ああ、あれか。じゃヒージャーは俺にまかしとけ。俺がお祝いでヒージャーを持っていくからさ」

長年の友人の新築祝いということで、長嶺さんは力になれるのが嬉しくて、再びあのペットショップへと出かけた。

ペットショップに行くと、新しい仔ヤギが入荷していた。結構な値段であったが、そこは同級生の家の新築祝いである。同郷の者としてケチるわけにはいかなかった。

仔ヤギを見ていると、後ろから声をかけられた。

「あ、前にジローちゃんを買ってくださった方ですよね」

以前ヤギを買ったときに応対してくれた若い店員だった。

「ああ、その節はお世話になりました」

「ジローちゃんは元気ですか？」

「ああ、ええ、元気ですよ。実は娘がもう一匹欲しいというもので」

「ああ、そうなんですか。もしよろしければどうぞこちらへ」

若い店員は、そういって長嶺さんを店の奥に連れて行った。

そこはペットフードの空き箱や壊れたケージの積まれたバックヤードだった。

若い店員はそこで、いきなり長嶺さんを後ろから締め上げると、床に押し倒した。

「この殺人鬼！　二度と来るな！」

「放してくれ！　何のことかわからんしが！」

すると店員は長嶺さんの意識が遠のく前に床の上に放り出すと、こんな話をした。

「あの夜、ジローが夢に出てきて、お前に食われたと俺に訴えたんだよ。調べたら沖縄の人間はお祝い事で豚とかヤギを丸ごと食べるっていうじゃないか。そんなやつにうちの子たちを売ることは出来ない。とっとと帰れ！」

長嶺さんは言い訳をしようと思ったが、相手は激昂しており、これ以上グズグズ言うと警察を呼ぶとまで言い始めた。仕方なく長嶺さんは、その日はしょんぼりしながら家に帰った。

その夜のことである。二階の寝室で寝ていると、急に奥さんに起こされた。

「あなた、一階で変な動物の鳴き声が聞こえるんだけど」

「動物ね？」

「そう、ヒージャーみたいに聞こえるけど」

なんで俺の家にヒージャーが出るんだ？

長嶺さんはすぐに寝床を出て、一階に下りた。電気をつけて耳を澄ましたが、何もいないし聞こえない。ところが、次の瞬間。

ダダダダダダッ。

何かが廊下を疾走していく音が聞こえた。

見ると巨大なヤギが廊下を走って、その突き当りの階段を上り始めた。

急いで後を追いかけると、二階で妻がきょとんとしてベッドの上に座っていた。

「あなたどうしたの？」と妻が言った。「いま真っ白なヤギが目の前をすり抜けていきよったけど、あれって一体……」

長嶺さんは、何も言うことが出来なかった。


「もう二十年以上前の話ですけどね」と現在の長嶺さんは言う。

「沖縄ではヒージャーを普通に食してきた歴史があるから、こんなこと起こらなかった。でもこれは何でそうなったかというと、あのペットショップのヒージャーと沖縄のそれは、根本的に違うものだったという気はしている。あのジローという名前のヒージャーには、ペットショップのオーナーの愛情というかイチジャマ（生霊）がついていたんですよ。私はそんな気はしている。だから嘘をついてまで買って食べたのは間違いだった。あんなことがあったのはあれが最初で最後でしたよ。場所が変わればいろんなものが変わるって事の見本じゃないですかね」

長嶺さんは現在は仕事も引退して沖縄に戻ってきている。スナックやキャバレーを巡るのが大好きな長嶺さんは、時折そういった店にヒージャーのさしみなどを売りに来る業者がいても、一度も買った試しがないという。

ンカジ

百名《ひゃくな》かおりさんの実家は、南城市玉城《たまぐしく》という場所にある。玉城は名水のむらとして知られ、琉球石灰岩からのきれいな湧き水で有名なところでもある。

百名さんは言う。

「実はうちの家系には変わった話があるんです。昔から玉城の水には神様が宿っているといわれていて、石灰岩から湧き出た水なので石水《イシミズ》というんです。これに対して隣の島尻や南風原なんかの水は泥水《ドゥルミズ》って呼んで、玉城の人は決して口にはしないんです。ええ、もちろん祖父の時代の話ですよ。多分ムラとムラの間のプライドとか、昔はそういうのありそうじゃないですか。だから私もあまり信じていなかったんですけど」

その祖父が亡くなったときの話である。

玉城の実家にたくさんの親戚縁者が集まって祖父の死を悲しんだ。祖父は布団の中で目をつぶって横たわっていた。そのときまだ中学生だったかおりさんは、いつも世話をしてくれたオジイに感謝の意を込めてその頬にやさしく触れようとした。

すると親戚の一人のおばさんからいきなり怒鳴られた。

「馬鹿なことしない！　触るんじゃないよ！」

「どうして？　撫でてあげようとしただけなのに」

「あんたフラーだね。石水飲んで死んだ人には、まだカミグヮー（神の力）が残っているからさ。それはあんたに影響を及ぼす」

「はあ？　意味わからんし。優しいオジイがそんなことするわけないし」

「オジイがするわけじゃない。石水がそうさせる」

結局その親戚のおばさんにこっぴどくしかられて、かおりさんは泣きながら部屋を出たという。その後、同級生で親戚のミサさんが家に来たので、かおりさんはその話をした。

「えー、そのおばさん酷いね」とミサさんも同意してくれた。「触るだけなのにね」

「私はオジイにありがとうって意味で、撫でてあげたかっただけなのに」

「よし、二人でオジイにありがとうを言って、撫でてあげよう」

ミサさんがそう言ったので、大人たちが弔問客のために料理を準備したりしている間に、二人で仏間に入り込んで、オジイの亡骸の横に座った。

「オジイ、ありがとうね」とかおりさんは言った。「天国に行っても、私たちを見守っていてね」

そしてオジイの頬に優しく触れた。

次の瞬間、バチンと大きな音がした。

気がつくと、オジイの亡骸の布団の上に、体長二メートルくらいの真っ黒いムカデがうごめいているのが見えた。かおりさんは悲鳴を上げて倒れてしまった。


あとでオバアにそのことを話すと、何も文句も言わずに抱きしめてくれた。

「オバア、ごめんね」とかおりさんは言った。

「いいさー。別にお前はオジイを辱めるためにやったわけじゃないさ」

「うん。そうだよ」

「それでさー、さっそく聞くけどよ」とオバアが言った。「ンカジは何色だった？　赤か黒か、その両方か」

「ンカジって何？」

「ンカジはムカデの意味だよ」

「ええっと、真っ黒だった」

「うりひゃー、あきじゃびよ！」

オバアはそういって目を丸くした。

「どういうことなの？　オバア」

その後、何度聞いても、オバアは目を丸くした意味について教えてくれなかった。

「いまでも百名家の人間は、地元の水に霊力があると信じています」とかおりさんは語る。

「でも、ムカデの色でなぜオバアが驚いたのかは、オバアも亡くなってしまって、結局わからなくなってしまいました」

百名家では人が死ぬと、たまに庭にンカジが現れて、何メートルも行進することがあるという。

安里のオジイ

里子さんが小さいころ、近所に住む安里《あさと》のオジイが亡くなった。

安里のオジイはタバコ屋を営んでいて、すでに八十あまりの年齢だった。タバコ屋らしく最期は肺がんになって死んだ。

当時小学生だった里子さんは、通学の途中いつも安里のオジイに声をかけられるので、あまり好きではなかった。どちらかというといやな感じだった。声をかけては、近くに呼びよせると、聡子さんの腕などを触ってくることがあった。

里子さんは家が近かったせいで、両親に連れられてお通夜にも顔を出したが、死んだ安里のオジイの顔は見られなかった。なんとなく怖かったのである。里子さんはぎゅっと目をつぶりながら、ウートートゥーした。

それから約二ヶ月が経った、晴れた日曜日の朝のこと。

里子さんは買ってもらったばかりの自転車に乗って、近所を走っていた。

すると角を曲がったところで、いきなり目の前に安里のオジイが現れた。

道路の真ん中に仁王立ちになり、ギラギラした目つきで里子さんの方を睨《にら》んでいた。里子さんは急ブレーキをかけたが、とたんにそのまま金縛りにあって動けなくなった。

「おいで、おいで。さあ」

安里のオジイが近寄ってきた。タバコくさい臭いがする。目が普段見ていたオジイとは何か違う気がした。そのまま声も出せず、里子さんは安里のオジイに腕をつかまれ、そのまま自転車から強制的に降ろされて、道をズンズンと引きずられ始めた。

心の中で悲鳴を上げたが、それが喉から発せられることはなかった。手足をばたつかせようにも、思い通りに動かすことが出来なかった。

と、視界の隅に、道路の中央に真っ黒い穴が開いているのが見えた。

あそこに落ちたら死んでしまう。直感でそう思ったという。

するとそのとき、一匹の白い野良犬が現れて、安里のオジイに対して激しく吠え立てた。次の瞬間、腕にかけられていた力がスッと弱まり、呪縛から解き放たれた里子さんは、必死になって道路を逃げていったという。

家に帰って母親に事情を話し、一緒にその場所へと戻ったが、そこには転がった自転車と、道路の真ん中に横たわる野良犬がいた。

野良犬は口からだらんと舌をたらし、血を吐いて死んでいた。

里子さんにはその野良犬が身代わりとなってくれたようにしか思えなかったという。

赤いマングース

仲程《なかほど》さんは南部でコンビニの店長をしている。深夜三時ぐらいになると、いつもの補充用の品物がトラックに乗ってやってくる。運転しているのは今帰仁《なきじん》出身の良治さんという男性である。

ある夜のこと、良治さんが台車を押して店内に入ってくると、首から肩にかけて赤いなにかが乗っている。仲程さんは最初ぬいぐるみか、マフラーの類だと思った。それは良治さんが店内に入ると、さっと首から降りて、陳列棚の下へ隠れてしまった。そのとき初めて何らかの生き物だと理解したという。

だが何にしろ、そんなものを店内には入れて欲しくない。びっくりしてその赤い生き物が消えた陳列棚の方に飛んでいったが、そこには生き物が隠れる場所もなく、赤いものなど一つもなかった。

「あがー、今日は一日首が痛くてよ」と良治さんが言った。「シップ貼ったりして、大変でよー」

「いま、真っ赤な変なのが……」仲程さんは驚いて言った。

「ああ、あそこだろうねえ。ξж店の駐車場の横にあるガジュマルさ。たまにあそこのがよ、いろいろと出かけるわけよ。だからそれよ」

「だから、それ？」

「そうそう、だーるよ。だから心配ないはずよ」

「いや、でも、赤いマングースみたいなのが、確かに、その……」

「心配ない。しわさんてぃしむる。あんたはさぁ、小さいことでクヨクヨしたらダメだよー」

良治さんは陽気にピントのずれた言葉で言い返した。

ところが、その後すぐに店内には獣臭《けものしゅう》がたちこめた。

「犬か、猫か、なんかの臭いがしませんかね」

朝番のバイトの男の子が言った。

「お前、悪いけれども排水溝とか掃除してくれないか」

それでバイトの子に掃除をさせたが、一向に獣臭は減る様子がない。

困った仲程さんは次の夜、良治さんに、なんだかわからない赤い生き物を、ξж店のガジュマルに連れて帰るようお願いした。

「そいつが何かしましたかね？」と良治さん。

「いや、獣臭がするもんで、お客様に失礼だろうって話になって」

「ああ、そういうことなら仕方ないかなあ。あれよ、今日、連れて帰ろうね」

その日の夜に良治さんは自腹で泡盛とシシャモを買い、深夜のコンビニエンスストアの入口でこんな言葉を言った。

「キジムナー、キジムナー、ウティィキミソーチ」

そう言いながら、仲程さんには見えないものを肩に乗っけて、笑いながら配達に戻った。

それから獣臭は一切しなくなった。

キジムナーヤーチュー

渡慶次《とけし》さんの小さいころの話である。

家の近くに古いアコウの木があった。枝ぶりもよく、堂々としたたたずまいが近所のお年寄りに好まれて、昼間などは各自さび付いたパイプ椅子を持ち寄ったお年寄りが、そこでユンタクをして楽しんでいた。

渡慶次さんはそのころ十歳くらいで、買ってもらったサッカーボールをいつもそのアコウの木にぶつけて、楽しんでいた。すると反対側でユンタクしているお年寄りたちが怖い顔をしてやってきて、こう言うのだ。

「おい、ワラバー。ヤーはこの木を侮辱するつもりかぁ？　サッカーなら他のところでやれ」

「だってブジョクなんかしないもん」

渡慶次さんはお年寄りたちの忠告を一蹴《いっしゅう》した。すると決まってお年寄りたちは「渡慶次の子、ヤナワラバー（悪ガキ）が！」と吐き捨てるように言って去っていった。

ある日曜日の夕刻。渡慶次さんは一人でサッカーボールをアコウの木に向かって蹴って遊んでいた。ふと見ると、アコウの木の横に、子どもが立っている。髪の毛はぼさぼさで、肌はなんだか赤っぽい。そして目が異様に大きかった。なにしてるの、と話しかけられた気がしたが、口は動いていない。あれ、喋ったのは誰？　この子？

なにしてるの、と再び声が聞こえた。

「サッカーだよ。腹話術するの？」渡慶次さんはそう質問した。

痛いよ、やめてくれっ。男の子がやっぱり口を動かさずに言った。

「え、どういうこと？」

痛いから、どうにもならないよ。

「何がどうにもならないのさ」

握手しよう。

そう言われたので、渡慶次さんは近寄って右手を出して、二人は握手をした。

次の瞬間、バチン、という電気がショートしたような音と衝撃が走り、渡慶次さんは道の反対側まで飛ばされてしまった。

気がつくと近所のお年寄りに囲まれていた。「あんた大丈夫ね？」心配そうなお年寄りたちの顔が並んでいる。

渡慶次さんは、いま体験したことに対して心の整理がつかなかった。混乱した渡慶次さんは泣きながら家まで走った。

家に帰ると背中が痛い。母親に見せると、背中ごしにひいっという悲鳴が聞こえた。

背中には、子どものような五本指の手形が、少なくとも五つほど、くっきりとみみず腫れのように現れていたという。まるでやけどであった。

キジムナーヤーチュー（キジムナーのやけど）。

母親は確かにそんな言葉を使った。

それはしばらくの間、ずっと消えずに、渡慶次さんの背中に残っていた。

しかしある日、母親に連れられ、くだんのアコウの木に謝りにいくと、それはスーッと消えてしまったという。

チンアナゴが来る

めぐみさんは二十歳のとき、神《カミ》ダーリしていたことがあった。

神ダーリとは、神がかり的な状態になることを示すうちなーぐちである。文字通り神様がかかってくるのである。その結果、鬱病になったり、自殺したりする者が出てくるほど、その体験は強烈である。神ダーリしたらどうするかといえば、ユタや霊能者のところに行く。そして相談するのであるが、だからといって何かが解決するわけではない。

めぐみさんは、とある一人の霊能者の女性のもとに連れて行かれた。マサ子という、六十代の女性である。その最初からめぐみさんは、マサ子のことが怖くて仕方がなかった。というのも、めぐみさんには視えていたのだ。霊能者のマサ子の後ろには、まるでチンアナゴのような、鎌首をもたげたぼんやりした「何か」が三体いて、事あるごとにめぐみさんの顔をにゅっと覗き込もうとするのである。

「お母さん、私あの人、怖いよ」マサ子のところからの帰り道、めぐみさんは母親にそんなことを言った。

「何言ってるの。あの方は力のある凄い方だってみんなおっしゃるのよ。それはあんたが、神ダーリしているからよ。我慢してあの方についていくの。わかったわね」

母親はけんもほろろにめぐみさんの苦情を撥《は》ねのけた。

母親はその後も月に一度、めぐみさんをマサ子のところに連れて行き、そのたびに御礼として三万円を払っていた。三度目か四度目のとき、いきなりマサ子がこんなことを言った。

「あなたは修行しないといけないと、あなたの後ろの神様が言っている」

「私の後ろ、ですか？」めぐみさんが聞き返した。

「そうそう。あんたの後ろには七代前のオバアがいるけれども、その方があんたをユタにしたいっておっしゃってるよ。どうするかねえ。外すこともできるけれども」

「あの、娘がユタになっても、困ります」母親が言った。「どうにかして外せないでしょうか」

「やってはみますが、あれですよ、少しばかりお金がかかりますよ」

「大丈夫です。娘が幸せになるなら、いくらでもというわけにはいきませんが、それなりの金額であれば」

そこで次回、三十万円を払って、めぐみさんのユタになる運命を外してもらうことになった。その帰り道、めぐみさんは母親に猛抗議した。

「お母さん、あの人はインチキだよ」

「あなた、どうしてそんなことが言えるの？」

「だって私には見えるんだもん。あの後ろにいるの、チンアナゴだよ」

「そんなことをいうもんじゃありません。それはきっと神様で、おかしいあなたにはそう見えるだけです」母親はめぐみさんが見えているものについて、まったく話を聞いてくれない。

その夜のことである。めぐみさんが寝ていると、急に金縛りに襲われた。

あっ、来る。とっさにそんな風に思った。

ズズズズ、ズズズズ、と何かを引きずる音がする。いきなり目の前に、ぼやっとした形の巨大なチンアナゴのようなものが三体現れて、めぐみさんの顔を覗き込んだ。

「こいつか？」と声がした。

「こいつだ」

「うん」

「こいつか」

その瞬間、めぐみさんには、ひとつわかったことがあった。こいつらはあのマサ子の使いのような魔もので、私を神ダーリして調子を悪くしている原因に違いないと。目星をつけたものの調子をおかしくしておいて、最終的にマサ子のところにその人を導いて、症状を癒し、金儲けをさせているのだろう。

三体のチンアナゴは、しばらくめぐみさんの周囲をお経のようなものを呟きながら、ズズズズ、ズズズズと廻って、やがて消えていった。
朝、母親と話すと、明らかに様子がおかしい。

「昨日夢を見たさ」と母親が言った。

「あんたを一日も早く、マサ子さんのもとに連れて行かないと、私の命も危ないって感じてねえ。だから今日行くつもりさ。取ってもらおうね。ユタになんかならないようにしてもらおうねえ」

「お母さん。私も話があるの」めぐみさんはきっぱりと言った。

「私、あの人インチキだと思う。もう二度とあそこに連れて行かないで」

「あんた、まあ何てことをいうのかねえ」母親は青ざめてしまった。

「ああ、もう神ダーリしておかしくなってしまっているよ。どうしたらいいのかねえ。ああ困った困った……」

それでもめぐみさんは強固に断ったために、母親はめぐみさんをマサ子のところに連れて行くことはなくなった。結局、めぐみさんの神ダーリは二年間続いたが、現在は落ち着いている。

めぐみさんは、いまでも時折、バスに乗って街角をぼんやり眺めていると、同じようなチンアナゴを見かけるという。あれは一体なんなのか。悪いものなのか神様なのかは、いまとなっては、めぐみさんにも断言できないという。

其之参《みーち》　スップル

スイミングプール

昭和四十年代の話である。桑江《くわえ》さんの門中墓は糸満市の照屋にある。坪数でいうと百坪はあろうかという大きな門中墓であった。

あるとき、桑江さんの夢にひとりの親戚が現れた。何を言うかと思ったら、墓の前で「暗い、暗い」と言うのである。「夜になったら真っ暗だから、宴会が出来るように、一晩中電気をつけて欲しい」とその親戚は言った。

そこで電気工事士の親戚と相談して、下の電柱から電力会社に工事をお願いして線をひっぱり、墓場の中に四十ワットの裸電球を一つ設置した。そして夜になると自動的に電気がついて、桑江さんの門中墓だけが煌々《こうこう》と照らされるようにした。

ある日、桑江さんの妹がその門中墓の前を車で通り過ぎると、親戚たちが墓庭《ハカナー》で酒盛りをしているのを目撃した。しかしその親戚というのが、みんな死んでいる人たちなのだ。祖父、曽祖父、叔母、そして交通事故で亡くなった義理の兄の姿もあったという。

「でもおかしいでしょ」と次の日、妹は桑江さんにそう言った。「交通事故で亡くなった義理の兄さんは、ナイチャーだからお墓は神戸にあるんだのに。どういうことかねえ」

「彼はウチナーンチュになったわけさ」と桑江さんは答えた。「旅行して来たはずよ」

それから十年ほど経ち昭和五十年代のある年のこと。老朽化していた電信柱が台風で倒れてしまったので、それを機会に電気を引くのをやめてしまった。すると再び夢に先祖が現れた。

「今度は泳ぎたいからプールが欲しい」と言うので「それはどう考えても無理だよ」と答えた。

「でもよ、これを見なさい。ワラビンチャー（子どもたち）がいっぱいいるわけよ」

小さい子どもの姿をした白っぽいものが、沢山集まってはしゃいでいるようなシルエットが見えた。しかしながら墓場にプールを作るのは、どう考えても、気が触れているとしか思われない。それにそもそも、そんな予算はうちの門中にはない。

しばらく経ったある台風明けの日、桑江さんが親戚数名とお墓を掃除しに行くと、どこから飛んできたのか子ども用の大きなアメリカ製ビニールプールが敷地内に落ちていた。それを見た瞬間、桑江さんは確かに聞いた。子どもたちの嬉しそうにはしゃぐ声が。まるでそよぐ風の音か谷間のこだまのように、墓場の中で響き渡っていたという。

「これ、車で持って帰って捨てようか」と親戚の一人がビニールプールを指差して言うので、桑江さんはこう答えた。「夏が終わるまで置いておこうね。楽しそうだったのに」

親戚は不審そうに眉をひそめた。

しかし桑江さんは、それはそれで、なんだか幸せな気分だったという。

ため息まじりの井戸

沖縄では井戸に神様が住んでいる。そこで井戸を移築する場合は、井戸に蓋をしてから、竹ざおのようなもので空気穴を作り、二十日から一ヶ月ほど、そのままにしておく。そして「井戸の神様、移築するので、どうぞあなたも引越してください」と拝むのである。

宮国《みやぐに》さんの家も、昔からある井戸を改築のために壊すことになり、集落《むら》のノロさんを呼んでウガンしてから、井戸に蓋をして、竹ざおが差し込まれた。

すると宮国さんの家の井戸は、大きくため息をついた。差し込まれた竹ざおから、「ふうーっ」とか、「そーうーっ」という音が聞こえるのである。

宮国さんは、おそらく古い井戸だから、井戸穴の石垣の間から空気が流れ込んで、竹ざおからそのような音がするのだと思った。だが、その仮説は、どうやら少し違った。

数日たって、五歳になる長女が幼稚園から帰ると、井戸の前にしゃがんで、キャンディを井戸の蓋の上に並べていた。

「何してるの？」

「井戸の人がお腹すいたって。だから飴玉をあげようと思って」

「えー、まさかよ。そんなことしないほうがいいよ」

宮国さんはそういったのだが、次の瞬間、井戸の竹から深いため息が聞こえた。

「いーちーふーふーすーん」(息が苦しい)

そこで次の朝、井戸の移築に詳しい区長を呼んで、見てもらった。

そこで判明した事実があった。井戸に挿してある竹は、間が詰まっていて貫通《かんつう》していなかった。つまり、空気穴としての役割を何もはたしていなかったのである。だから仮説として立てていた「竹の中を井戸の空気が通り抜けて音がする説」は、考えられなかった。

井戸の蓋をあけた状態で、宮国さんはこんなことをつぶやいた。

「もしかしたら井戸の神様、引越ししたくないのかねえ」

すると、井戸の底から深いため息のような、あきらかな「声」が聞こえた。

「やーんーどー」(そうだよ)

驚いて井戸を覗き込んだ一同は、井戸の底を見て固まってしまった。

何かわからないが、白いもやのようなものが立ち込めている。

それは、やがて、みんなが見ている前で霧散《むさん》し、消えてしまった。

それから宮国家は、井戸の移築をあきらめた。

スップル

金城《きんじょう》さんの家にはこんな伝承がある。

昔、何代か前のことだが、あるオバアが亡くなった。若い頃は、何人もの若者から求婚されたほど、美しい女性だったという。

三年ほど経《た》ったのちに亡骸《なきがら》を洗骨《せんこつ》し、ジーシガーミ（骨壺）に納めた。洗骨とは、亡くなって肉体がそげ落ちた骨を子孫がきれいにしてお墓に再び納骨する古来からの習俗である。

しかし、それから金城家の門中墓がなぜか度々、荒らされるようになったという。

ある日、金城家の縁者が、また荒らされていないか確かめるために、夜中に墓場に行ってみた。すると門中墓の蓋が開けられていて、その中に遠縁の三十代の男性が入っているではないか。びっくりして声をかけた親戚は、彼の姿を見て今度は恐怖に打ち震えた。その男性は、一番新しいオバアの骨をジーシガーミから取り出して、ちゅうちゅうと、うまそうに吸っていたという。

困った親戚は一同集まり話し合い、まずその男性をユタにもとに連れて行ったが、どこのユタに行っても「これは悪霊がついているから無理だね」と門前払いを食わされた。

そこで男の家族は苦渋の決断として、集落《むら》から離れた森の中に小屋を作り、そこに男性を鎖で繋いで、食事だけ与えることにした。ところがある日、ご飯を持って小屋に行くと、男性がちゅうちゅうと、何かを吸っている。人間の骨だった。誰が与えたのか、それを口にくわえている。

それから男性は、「吸う」という意味の〈スップル〉という名前で呼ばれるようになった。

しばらく何年かして、スップルは亡くなった。金城さんの聞いた話によると、非常に悲しいことではあるが、両親によって殺されたのではないかということだった。

スップルは、百年も前の話である。

しかし最近になっても、そのオバアの墓は荒らされることがあるという。

あるとき近くを通りかかった親戚が、気になって行って見ると、墓口が開いている上に、中から人の声も聞こえてくる。てっきり浮浪者が入り込んでいると思った親戚は、携帯から警察に連絡し、十分後にはパトカーがやってきた。警官が懐中電灯で中を照らすと、そこには荒らされたジーシガーミしかなく、人間の姿はなかった。

「いや、でもね、俺、わかるんですよ。たぶん、スップルがまだいるんですよね。スップルことは、誰も止められない」

だから、現在でも金城家には変な風習が残っている。

清明祭《シーミー》には、みんなでソーキを食べて、骨を皿に入れて、墓の前に置くのである。みんな骨まで綺麗に食べるのではなく、すこし肉が残った状態で皿の上に置く。最近では骨付きのチキンなどもそこに置くという。みんなその理由は喋りたがらない。金城さんは一度、シーミーのときにその話をしたことがあるという。するとすぐさま大オバアに墓の外に連れて行かれて、きつくこう言われた。

「あんたよ、それ以上喋ったら、スップルがあんたの枕元に立つよ。骨をしゃぶられるけど、それでもいいね？」

冗談抜きの真面目な顔でそうきつく言われたので、全身に震えが走るほど怖かったと、金城さんは語った。

スップル、スップル

その金城家では一度こんなことが起こった。ある夕方、みんなで夕食を囲んでいた。一番下の五歳の娘が、おいしそうに骨付きの鶏モモ肉の煮物をかじっていた。

「おいしいね」と娘が言った。「おいしいね」と母親も言った。

「でもさぁふぅん、あのさ、ホントは人の肉が一番おいしいって」

「誰がそんなことを言ったの？」驚いた母親が聞き返した。

「あのさぁふぅん、今日さ、保育園から帰ってきたらさ、ふぅん、仏壇の前にさ、ニーニーがいてさぁふぅん、教えてくれたわけ」

その瞬間、隣の仏間からガッシャンという大きな音が聞こえてきた。びっくりした家族が駆けつけてみると、閉まっていた仏壇の扉が開いて、中に置いていた花瓶や位牌などがめちゃくちゃになって倒れていた。

部屋にはヒラウコーの匂いが気分が悪くなるくらいに充満していたという。

そこで急遽、フライドチキンを買ってきては、半分食べたものを仏壇にお供えした。するとそれっきりヒラウコーの匂いはしなくなった。

カジ

石垣《いしがき》家の敷地には築七十年は経つと言われる木造古民家の離れがあった。何度か補修はしたが、いまでも台風に耐え、雨漏りもしていない。

巨大な二つの台風が沖縄本島を蹂躙《じゅうりん》したある夏のこと。石垣家の周辺でも豪雨が続いた。その夜、古民家が気になった石垣家のみどりさんは、懐中電灯を持って一人で様子を見に行った。

ゴウゴウ、ギシギシという音が響いていたが、いまのところ雨漏りもしていなければ、電気も付いている。ただ湿気がすごいので、みどりさんはクーラーの除湿をかけた。それからオバアが生前いつも座っていた座椅子に腰を掛け、タオルで顔や体を拭いたのだが、急に眠気が襲ってきて、みどりさんは意識を失った。

気がつくと、目の前に亡くなったオバアがいた。そして親戚のひさしおじちゃんと、姪っ子のめーぐーもいた。三人が仏壇の前で何か立ち話している。

「あれー、みんなどうしたのかねー」

みどりさんはそう言って立ち上がろうとするが、体が金縛りにあったように動けない。

「えー、カジよ、カジよ」

二十歳でガンで亡くなった姪のめーぐーがいきなりそんな言葉を口にした。

え、何のことなの。火事《かじ》？　風《かじ》？

すると次の瞬間、バチンという大きな音が鳴り響き、みどりさんは座椅子の上で上半身をそらせて気がついた。もはや三人の姿は無い。というか、そもそも三人とも死んでいる人たちであった。鳥肌を立てながら、みどりさんはずぶ濡れになるのも構わず家に戻った。

それからみどりさんは、きっとこれは家が火事になるのを先祖が教えてくれたのだと解釈した。石垣家は先祖のことをすごく敬い、その教えを守ってきた一家であったので、すぐさま火災保険に入り、火の元は十分注意するように心がけた。しかしながら、のちにわかったことなのだが、それは火事のことではなかったのである。

翌年、糸満で漁師をしている佐敷《さしき》さんという親戚が、サバニ漁で沖に出て、そのまま行方不明になってしまった。後日サバニ船だけが海上保安庁の巡視船によって発見された。

原因はエンジンの故障であったが、もう一つの要因は、後部にあるはずの舵《かじ》が、すっぽりなくなっていたことだという。

その事を聞いて、みどりさんはうっすらとあの「えー、カジよ、カジよ」という声を思い出した、という。

カタカシラ

美帆さんという女性が昔、那覇の辻《つじ》という繁華街に面したアパートで暮らしていたときのこと。ある日寝ていると、男性の凄まじいイビキの音で目が覚めた。

一人暮らしである。鍵も閉めているし、部屋に誰かがいるはずもない。身体は金縛りにあったように動かない。と、誰かの腕枕で眠っているのに気がついた。相手は裸である。

横にいるのは紛れもない男性であるが、身体が金縛りにあっているせいで、顔は確認できない。それにしても凄まじいイビキである。肉体の温かな感覚も生々しく伝わってくる。

やがて、夜が明けてくると同時に、その男性の気配は消えてなくなった。

それからしばらく経った日の夜半、美帆さんが文庫本のページをめくっていると、一人暮らしの部屋の中に何か人の気配がする。

えっ？

そう思ってふと顔を上げた美帆さんの目の前に、男がいた。

浴衣《ゆかた》のような薄い着物を羽織った半裸の状態で、しかも髪型がカタカシラ（琉球王国時代の男性士族の髪型）であった。

「え、なによ！」

びっくりした美帆さんは驚いて声を上げた。

するとカタカシラの男性も、いきなり女性が部屋にいたのに気づいたかのように、目を丸くしてギョッという表情になった。

しばらく二人は部屋の中でお互い驚いた表情で見つめ合っていたのだが、知らないうちに男性の姿は消え、静かな夜半の部屋に戻っていたという。

そういえば、この辺りは昔ジュリと呼ばれた遊女たちがいた、辻遊郭があった場所だった。

美帆さんは時折、自分がその時代に生きていたような気分になることがあるという。

ヒジャイナーの呪い

これはある村《むら》では決して語られることのない話である。

その村の聖域であるウタキはヒジャイナーで囲まれていた。ヒジャイナーは左巻きの縄のことで、神聖な縄は左巻きに綯《な》って、普通の縄は右巻きに綯うものとされていた。

昭和四十六年ころの話だが、そのウタキである事故が起こった。村の長老の一人が、そのヒジャイナーに首を引っ掛けて死んでいたのである。酔っ払って家に帰る途中だったらしい。

警察が捜査をした結果、事件性は低く、事故とみなされた。しかしその際に縄を調べたところ、なぜか左巻きではなく、右に巻かれた縄、つまり神事につかうヒジャイナーではないことが判明したのだ。その村では、前の年からヒジャイナーではない縄を、知らないこととはいえ、神聖なウタキに使っていたことになるのだ。

そのことが発覚して、村は大騒ぎになった。長老が死んだのも神聖なヒジャイナーを使わなかったティンバチ(天罰)だと、人々は陰で噂した。そこで、誰がこのようなことをしたのか、責任者をつきとめることになった。

結果わかったことは、ヒジャイナーを綯ったのは、この村の長老格の三名の男性なのだが、なんとみんなその年に亡くなっていたのである。

一人は借金苦からか家の事情で首を吊り、一人は寝ているときになぜか扇風機のコードが首にまきついて死亡、最後の一人が、酔っ払って家に帰る途中、右巻きのヒジャイナーに首をひっかけて死んでいた、あの長老であった。

天罰なのか、事故なのか。真実は誰にもわからなかった。

ところがある年のこと、村の祝女《ノロ》（祭祀を司る神女）に、亡くなった長老のひとりがかかってきて（降りてきて）、こんなことを語らせたという。

「みんな隣の村の[redacted]という男のせいだ。あいつの先祖はこの村から追い出されて隣へ追放されたから、その腹いせでヒジャイナーをすり替えさせた。金も受け取ってしまった。もう仕方がない」

つまり隣の村へ追放された者の子孫が、復讐のためにヒジャイナーをすり替えたのだというのだ。その話を聞いて、当時の区長が隣の集落の男性の家へ向かった。ところがその日の夕方、男性の家は火事に見舞われて全焼しており、区長が到着した夜半には、主の男性も焼け死んでしまっていた。

その村の者たちは、ヒジャイナーの呪いだとして、いまでもその話が語られることは滅多にないという。

スーワタイ

本土から転勤でやってきた溝口《みぞぐち》さんは、とあるスーパーマーケットの店長であった。彼は沖縄のことは何も知らない。ただ経営の手腕が認められてやってきた。そんな溝口さんが体験した話である。

ある日のこと。レジの女性から携帯電話に連絡が入った。

「すいません、店長。変なオバアさんがいま店内にいて、豆腐と納豆の冷蔵コーナーの前で線香に火つけて祈っているんですけど……」

「なんだって？」

溝口さんは思わず聞き返した。

最初意味がわからなかったが、誰かがスーパーマーケットの売り場で線香を焚いているということは、由々しき問題であった。あそこは火気厳禁の場所である。火災の危険も考えられる。

売り場にすっ飛んでいくと、電話をしてくれたレジの女性たちと警備員が見守る前で、一人のオバアが座り込んで、ヒラウコー（沖縄線香）を地面において、なにやらお祈りをしている。

「えーと、お婆さん。ちょっと何をされているんですかー？」

溝口さんはフレンドリーにそう聞いた。オバアは顔を上げて答えた。

「あんた店長さんね。ナイチャーだから言ってもわからんと思うけど、ここには神様が立っている」

「そうなんですか。それは知りませんでした」

相手をむやみに怒らせても逆効果だと考えた溝口さんは、優しくそう言った。

「だから祈っている。あんたもほら、座って祈りなさい」

「お婆さん、言われていることは十分承知しているんですが、店内は火気厳禁なもので、他のお客様に迷惑がかかってしまうんですよ」

「えー、そうね？　神様はそんなこと気にならないよ」

「神様が、ですか。まあ確かにそうでしょうねえ」

溝口さんとオバアはその場で笑いあった。

「あんたがそういうなら、ヒジュル（火をつけないでお供えする線香）でやろうかねえ」

「ヒジュル。なんでしょうか？」

「ひぃ——、つけんよ」

「ああ」

オバアは線香の火をペットボトルの水で消して、新たに火のついていない線香を並べ始めた。しかし溝口さんの心の中はモヤモヤして、一刻も早くこのオバアをつまみだしたくてしょうがなかった。

「はい、座りなさい」

オバアがきつくそう言うので、溝口さんは横に座った。

「どうするんですか？」

「祈りなさい。この場所を使わせてもらっていること。立派なお母さんから生まれ出て、こうして健康と活力をいただいていること。お店がこうやって上等にやっていけるということ。全部、感謝しなさい」

「そうですね。ありがとうございます。感謝します」

溝口さんはそう言って形だけでもと思い、目を閉じて、手を合わせた。

その瞬間、何かが溝口さんの頭を撫でた。

優しい感じで、まるで束ねたススキの穂で頭を撫でられた感じであったという。

しかし頭を上げても、そこには何もなかった。

「やんどぉー（そうだよ）」

溝口さんのおかしな表情を見破ったのか、オバアがそんなことを言った。

溝口さんは全身が固まってしまって、しばらく立ち上がることが出来なかった。

あとで他の社員に聞いたのだが、この場所は埋め立てられる前は、龍宮神が祀られていたという。もともとスーワタイ（潮渡り）と呼ばれていたこともわかった。

その後も、その豆腐と納豆の売り場の前では、時折腐った魚がその場所に置いてあるかのような、強烈な磯の香りがするという。店員たちはそれをよくわかっていて、「さっきスーワタイしてましたよ」とさりげなく会話の中で喋っているのを、溝口さんは何度も聞いた。

神様はきっといまでも潮の上を渡っているのだ。

きっと地上にスーパーマーケットが建っていても、神様のスーワタイを妨げる理由にはならないのだろう。

瘤とジーシガーミ

建設会社の社長をしている長嶺さんは、ある朝、強烈な頭痛に襲われた。奥歯の後ろがズキズキ痛む。朝一番に医者に行くと、脳梗塞の疑いがあるということで検査になった。結果、昼過ぎには小脳に瘤《こぶ》があることがわかった。そこで明日の朝すぐに手術することになった。

手術を控えたその日の夕方、病室で奥さんとテレビを見ていると、社員の一人が血相を変えてやってきて、手持ちのタブレットから工事現場の写真を見せた。

「社長、これ、北部の現場なんですけど」と社員が説明した。「道路工事中にいきなり地面が陥没して、中から無数のジーシガーミ（骨壺）が出てきたんです」

写真には道路に空いた穴の中に、無数のジーシガーミが並んでいるのが見えた。何枚かの写真の中には、転落したユンボの一部が、ジーシガーミを壊してしまって、中から骨が露出しているのが見えているものもあった。

「もっと早く報告すべきだったんですが、社長の携帯が繋がらなかったもので」

「病院にいたからな」と長嶺さんは答えたが、何かが心の中にひっかかった。

「ちょっと聞くが、この陥没はいつ出来たんだ？」

「はい、朝早くだと聞いていています」

「朝早く？」

「はい、七時に現場に社員が到着したときには、すでに陥没していたらしいです」

「なあお前、悪いんだがな、いますぐこれを埋めてくれ。見なかったことにしろ。他のところから土砂を持ってきて、完璧に埋め戻してくれ」そしてこう付け加えた。

「さもないと俺の命が危ない。一生のお願いだ。頼む」

こうしてその日の夜から、社員総出で土砂を運び、夜中の三時頃には、まるで何もなかったかのように現場を埋め戻してしまった。

次の朝、それを聞いた長嶺さんは、検査のやり直しをお願いした。すると昨日のCTスキャンが嘘のように、瘤のあとも綺麗さっぱり消えていた。

タンメーガナシー

その穴には誰も触ろうとしないのだという。

南城市玉城《たまぐすく》の知念《ちねん》ケンジさんの家の庭には縦穴が開いている。直径三十センチほどの穴である。庭の一部に巨大な琉球石灰岩の岩があり、それが埋まっている部分に穴があいているのだ。深さは測ったことはないが、多分五メートル以上は続いているだろうと思われる。昔、ちょうど五メートルの紐の先に錘《おもり》をつけて垂らしてみたことがあるが、余裕でもっと深い感じがした。懐中電灯で照らしてみると、少し先でカーブしているので、見える範囲は一メートルくらいであるが、その先に何があるのか、知念さんはずっと気になっていた。

玉城といえば、湧き水が多いことでも知られる。しかし年寄りの親戚に尋ねても、この穴から湧き水が出たという話は聞いたことがない。その代わり、この穴には老人が住んでいるといわれていた。現在五十歳のケンジさんも、その話は三十歳のときに初めて祖父から聞かされたという。

「あのよ、ケンジ。ここの穴には、タンメー（お爺さん）が居《うぃ》んどぉー」

ある日、祖父と一緒に庭にいたときに、こんなことを唐突に言われた。

「タンメーがいるってどういうこと？　先祖の骨でも埋まっているの？」

「違う違う。私が言うのは、つまり昔からいるもの、見つけようとしても見つけられないもの、いるようでいない、姿は見えるが触れられない、なんていうのか、つまり雰囲気とでもいうのか」

「えーオジイよ、意味くじわからん（意味がわからない）」

「つまりよ、ここは昔、ウガンジュ（拝所）だったわけさ」

「えーまさかやー。自分ちの庭がウガンジュだったわけ？　初めて聞く」

「初めて言った」

「それでどんな神様なの？」

「それがよ、複雑な話で」

そういってオジイは腰を下ろしながら話を始めた。


戦時中のこと。

戦雲《せんうん》が次第に知念さんの実家にも迫っていた。知念さんの親戚でメガさんというハーメー（老婆）がいた。メガさんはもともとユタを生業としていた人物で、そのときすでに歳は八十を越えており、相次ぐ爆撃ですでに足に大火傷をしていた。

やがて付近の住民が避難を始めた。避難というよりも、何処に逃げたらいいのかわからなくなり、パニックに陥っていたのだ。アメリカーは北部から攻めてくるという者もいれば、いや絶対に南部から攻めてくるという者もいて、情報が錯綜《さくそう》していた。知念家ではどうもアメリカ軍は南部から上陸しそうだという情報を信じて、生き残っている家のもので歩いて北部へ向かうことになった。

だがメガさんは足を怪我して、とうてい長い行程を歩き続けることなど出来ない。だが知念家のものはそれでも木材と布で簡易の担架を作り、それにメガさんを載せて運ぶことにした。

家族と親戚が集まり、さていざ歩き出そうとしたときに、メガさんが「ちょっと待ってくれ」とみんなを引き止めた。

「どうした、オバア？」知念家のものが聞いた。

「ガナシーを置いていく」メガさんが言った。「ガナシーをよ、あの洞窟においていかないといけない」

「ガナシーってなんね？」

「えー、ガナシーだよ」

そこでメガさんの話を詳しく聞いてみると、ガナシーとは神様の使いことであることがわかった。ユタであるメガさんは自分の代わりに働いてくれる「使い」を一人かかえていたという。それは目に見えないが確かにいて、メガさんの代わりに物を見たり、神様に報告したり、いろいろなことをしてくれる「使者」だった。

「ガナシーって神様やらや？」

「あらん、神様じゃないよ。神様のお使いやんどー。そしてタンメーでもある。だからタンメーガナシーと呼んでいる。枯れ枝みたいにやせ細った人だよ。私のためにいろいろと働いてくれるさ。その人に留守の間この家を守ってもらわないといけない。なぜならば、戦《いくさ》が終わったら、うちの家族はまたここへ戻ってからに、沢山子どもを産んで、繁栄するんだよ。そのためにも家が必要さー。そのためにタンメーガナシーに守ってもらうんだよ」

そう言うとオバアは、いままで痛くて歩けなかったのに担架から滑り降り、ひょこひょこした足取りで穴に向かった。そして何かを背中から「あきじゃびよ」と言いながら下ろした。

そのとき、知念家の数名の者には変なものが見えていたという。頭からは細い根っこのような毛髪が複数生え、顔はしわくちゃのオジイ、そして身体はまごうことなき太い蛇の姿をしていた。それがニュルニュルと穴の中に消えていった。耳が尖っていたという者もいれば、眉毛が繋がっていたという者もいた。だがそれが見えたのは一瞬だった。それはすぐに穴の中に隠れて見えなくなった。

メガさんは穴の前に座り込みながら、大きな声でこう言った。

「リッカ！（行くよ！）」

こうしてメガさんは再び担架に載せられ、東海岸から北上することになった。

結局、タンメーガナシーが守ってくれたおかげなのか、家族も無事に戦中を生き延び、戦後戻った家もほとんどそのまま残されていた。メガオバアもその後孫の顔を見て寿命を全うした。現在でもケンジさんの実家では、その話を事あるごとに親戚たちが話すという。

タンメーガナシー、現代にあらわる

そのあとケンジさんのところでは、こんなことがあった。

庭を長い間手入れしなかったせいで、植物のバランスがおかしくなっていた。そこで庭を綺麗に造成し直そうということになり、ケンジさんの知り合いの豊里《とよさと》さんという庭師が呼ばれた。豊里さんは知念家の庭を見て回り、ここに松の木を植え直したほうがいいとか、北西に植えられているバンシルーは伐ったほうがいいとか、具体的なアドバイスをくれた。その中でこんな話が出たのである。

「この穴は、危険だから埋めませんか？」それはタンメーのいるくだんの穴だった。

「えーと、この穴はいろいろあって、ちょっと……」

ケンジさんはもごもごと口ごもってしまった。

「でも危ないですよ。見たところ深そうだし、小さいお子さんとかが落ちでもしたら大変ですよ」

そういって豊里さんはしゃがみこんで、穴にペンライトを照らしながら中を覗きこんだ。次の瞬間、豊里さんは大きな声を上げて後ろに倒れこんだ。

と、穴の中から見たこともないような巨大な蛇が現れた。太さは大人の腕くらいあり、長さは二メートルはゆうにあった。蛇はいきなり穴から現れると、そのまま庭の上を這って、そのまま道路の方へと消えてしまった。

「わあ、デカイ蛇でしたね」

蛇が去ったあとにケンジさんがそう言うと、豊里さんは信じられないという風な目つきで彼に食ってかかった。

「あれが蛇だって？　頭おかしいんじゃないか？　馬鹿にするな」

「は？　何だっていうんですか？」

「爺さんじゃないか！　顔がジジイの蛇男じゃないのか？　なんだよあれって？」

「いえ、蛇だったと思うんですけど」

「あんなのがいる庭は触りたくない。俺の代わりにユタを呼べ！」

豊里さんは恐怖と怒りに震えながら、そのまま乗ってきた軽トラックに駆け込んで、猛スピードで帰ってしまった。

それ以来、誰もその穴には触ろうとはしないという。

クバの葉ゆんぐとぅ

ケンジさんの妹の恵さんの話である。

恵さんは一度、実家で眠っていると、明け方近くに金縛りにあってしまった。布団の中で身体が動かない。意識だけはっきりと目覚めているのに、両手両足が縛られているかのように動かない。と、誰かがゆっくりと「どん、どん」と足音を響かせて近づいてくるのが感じられた。

次の瞬間、自分の部屋のドアがガシャンと開いて、しわくちゃの顔をしたオバアが現れた。

ああ、この人は、あのメガオバアに違いない。

写真で見ただけであったが、恵さんにははっきりとわかった。

メガオバアは部屋に入ってくるなり、恵さんの両肩をつかむと、そのまま一気に立ち上がらせた。恵さんはおかしなことに、布団に入ったまま、つまり布団ごと直立させられた。

「あんたよ、結婚《にーびち》すんなー？」と耳元でメガオバアが言った。

その頃、恵さんには付き合っている彼氏がいたが、結婚する約束などは何もしていなかった。

「かふーしーどぉ。いきが なちぇーてぃ」（喜ばしい。男の子ができたんだねえ）

そう言ってメガオバアはなぜかクバの葉で作った古めかしいうちわを持ち出して、何度も何度も恵さんの顔をニコニコしながら扇いだ。

「ありがとう、ありがとう」と恵さんは夢の中で何度も感謝を伝えた。そうするととめどもなく涙が流れた。メガオバアもわんわんと涙を流しながら、「なとーん。でかちゃん」（よくやった、よかった）と言っているのが聞こえた。

目が覚めると、恵さんは部屋の中に直立していた。

敷き布団と掛け布団が、それぞれ身体から離れて床の上にどさっと落ちるのが見えた。

見ると片手に電気屋で貰った安物のうちわを持っている。

夢なのか現実なのか、恵さんは訳がわからなかった。

それから一週間ほどした夜のことである。

恵さんが眠っていると再び金縛りにあった。すると自分の意志とは関係なく、布団から抜け出して、部屋を出た。

これは自分の意志じゃない、と彼女は思った。身体が勝手に動いている。

すると恵さんはそのまま玄関から靴をはいて表に出て、玄関横から庭に向かった。気がつくと、家族全員がタンメーガナシーの穴の前にいた。

身体のコントロールを取り戻した恵さんは、そこにぼうっと立っているケンジさんに声をかけた。「ケンジ、何してるの？」

「お前こそ何してる？」ケンジさんが答えた。

その横で両親が寝ぼけ眼をこすりながら、あくびをしている。

父、母、兄、そして恵さんの四人が、なぜか深夜の庭にぼうっと立ちながら、お互いを変な目で見つめている。

「どうしたんだろ。呼び出されたな」と父親が言った。

しばらく待ってみたが、何も起こらない。

時計を見ると、深夜の四時四十四分。

家族はやがてあくびをしながら、部屋に戻った。

次の日の朝、恵さんが起きると母親に庭に出てみるよう促された。出てみると、穴の前に何か落ちている。割れた卵だった。ニワトリの卵とは確実に違う。真ん丸くて白い割れた殻がそこに落ちていた。

「蛇が孵化してどこかにいったんだろうな」と父親が言った。

その日から恵さんは毎日気分が悪くなり、吐くようになってしまった。心配になったので薬局で妊娠検査薬を買って試してみると、妊娠していることがわかった。彼氏にそれを伝えると、結婚して一緒に子どもを育てようと言われた。

両親にそのことを報告すると、もちろん喜んでくれたのだが、驚く様子はまったく見せなかった。

「恵、だってお前、少し前のこと覚えているだろ」と父親に言われた。「夜中に呼び出されて、次の朝、卵が孵化していただろ。あれは子どもが産まれるしるしなんだよ。父さんも話には聞いていたが、実際に起こったのは初めて見た。ガナシーに感謝しないといけないな」

こうして穴の前に泡盛の一升瓶が二本置かれて、家族で感謝のウートートゥーをした。

いまでも恵さんの身に何かが起こるたびに、夢の中にメガオバアが現れて、その度に目覚めるとクバの葉のうちわを持ちながら部屋の中に直立していることがあるという。

「意味はわかりませんが、向こうの人にとってその格好は重要なんでしょう」と恵さんは語った。「私たちには向こう側の意思を全部はわかりません。でも受け入れて生きていくことがうちの家訓みたいになっています」

それから産まれた子どもは、もちろん男の子だったという。産婦人科医が記録した出産した時間は、深夜の四時四十四分であった。

屹立するチンアナゴ

久恵さんは子どもの頃から神ダーリしていた。自身が水脈師《すいみゃくし》という特殊な家系の出自だったせいもあり、久恵さんも幼い頃からいろんな能力に恵まれていた。琉球王国時代には王様のために井戸を掘っていたという。

母親は幼い久恵さんを泡瀬に住んでいたユタのオバアの元に連れて行った。久恵さんの持っている力を封印したいと母親は言った。

「すいません。この子の力を取ることってできますか。いえ、ぜひ取って欲しいんですけど」

「取る？　そうだねえ、私のところで修行すれば、取ることは出来るよ」

そうユタから言われて、母親は定期的に久恵さんをここに連れてくると約束した。

だが久恵さんは最初から、そのオバアが気に入らなかった。

何度か連れて行かれて、修行と称していろいろなことをさせられたが、結局途中でそこへは行かなくなってしまった。

ある日のこと、風の便りに泡瀬のユタが亡くなったということを聞いた。まあ相当な年齢であったし、亡くなるのも理解できた。しかし一つだけ、久恵さんには気がかりなことがあった。

　オバアのもとで修行させられているとき、毎回、彼女の後ろに、何か巨大な鎌首をもたげた存在がいるのに気がついていたからだ。いつか水族館で見たチンアナゴというものにそっくりだった。いつもオバアと話をしながら、そいつが鎌首をもたげて久恵さんの方を観察しているのがわかっていたからだった。

「オバアが死んで、あいつはどうなるんだろう？」

　なぜかそんなことが、気になって仕方がなかった。


　それから何年も経ったある日。久恵さんが車に乗って、ふと泡瀬の町を見下ろす高台を通りがかった。ああ、昔、泡瀬のユタのところに通わされていたっけ。あれからずいぶん時間も経ったなあ。そんな感慨を胸に抱いて車を運転しながら泡瀬の街を眺めると、何かが目についた。

　工事でもやっているのか、背の高いクレーンのようなものが、逆L字の形で泡瀬の町に何本も立っている。

「へええ、泡瀬ってこれから凄い開発されるんだ」

　感心してそれらを眺めていると、急に一本のクレーンが久恵さんに気がついたかのように動きだし、こちらを眺めている感覚に囚われた。

そのときに久恵さんは気がついた。

大変だ。あれはクレーンなんかじゃない。

チンアナゴだ。

久恵さんにははっきりとわかった。まだまだあの場所には、主を失ったチンアナゴが沢山いて、次の宿主を探しているのだと。

そんな風に思いながら坂を下っていると、一匹のチンアナゴが泡瀬の町から首を伸ばして、いきなり久恵さんの車の前にニュッと現れて、顔を覗き込んだ。

知らない振りをしよう。そう久恵さんは決めて、恐怖に震えながらも、まるでそれが視えていないかのように車を運転した。その間もチンアナゴは車のフロントガラスに張り付くようにして、彼女の顔を覗き込んでいたという。

あれが一体何なのかは、久恵さんは、いまでも理解できていないという。

いまでもグスクで踊っている

ユタの和美さんには、気がかりなことが、ひとつだけあるという。

南部に糸数グスクという城址がある。そこに小さな女の子が一人、迷い込んだままなのだ。

ある夏、和美さんは、アリサという八歳の女の子のマブイを家族の依頼で、糸満のビーチから沖縄市美里《みさと》まで運ぶことになった。その娘は先月、家族で海水浴の途中、不慮の事故で亡くなった。しかしその娘のマブイがどうも見当たらないという。そこで和美さんが探してみると、その娘のマブイは、いまだにビーチで海水浴をしていることがわかった。

沖縄では人が亡くなると、その人のマブイ（魂）を家に連れ帰って弔《とむら》うという儀礼がある。ヌジファという。誰でも出来るようなものではなく、場合によってはユタに頼んでやってもらうこともある。和美さんもよく頼まれていた。そのときも、運転手代わりの夫とともにそのビーチにやって来て、アリサのマブイを見つけた、という。

「ほらほら、あんただねえ。アリサちゃんていうのは」和美さんは浜辺から声をかけた。するとそのマブイが答えた。

――まだかえりたくない。

「そうね？　でもあんたのお母さんが心配しているさ。お父さんもね」

――えーでもかえりたくない。だって叩くんだもの。

「おうちで叩かれていたの？」

――そう、アリサ、よく叩かれてから、ベランダにだしよった。

「もうそういうことはしないと思うよ。とにかく、アリサちゃん。おばさんの車に乗って、ドライブしよう」

和美さんにやさしく諭されて、アリサのマブイはしぶしぶ和美さんの肩に乗ってきた、という。そのままマブイを引きとめながら、和美さんは夫が運転する車に乗り、一路沖縄市を目指した。

ところが途中でこのマブイが暴れだし、車は南城市の辺りで停止。ウンともスンともいわなくなってしまった。和美さんも、こんなことは、初めてであった。

「困ったねえ。どうしようかねえ」

そのとき、声が聞こえた。

「こちらに来なさい。助けてあげますよ」

それはユタの和美さんをいつも助けてくれる存在《もの》で、仮に「女神様」としておこう。糸数グスクに棲んでるらしい。その声が聞こえると、車はすぐに復活。和美さんたちは、沖縄市の両親のところに戻る前に、南城市玉城にある糸数グスクに寄っていくことにした。

糸数グスクの雑草だらけの駐車場に車を入れると、その小さなマブイは、わーっと叫びながら崩れかけた城壁のなかに一目散に飛んでいった。そしてそのまま帰ってこなかった。

ユタの和美さんは心配になって見に行くと、アリサは、他のいくつものマブイたちと一緒になって、広場でエイサーを踊っていた、という。

「さあ、もう家に帰ります」と和美さんがいっても、アリサのマブイはまったく反応しなかった。そのかわり、和美さんの頭の中ではこんなイメージが渦巻いていた。

家に帰ると叩かれる。

おやつはお母さんが全部食べちゃう。

パチンコヤーに連れていかれて、クーラーの切られた車の中でずーと指しりとりしてる。

お肉も少なくて、お父さんが全部食べる。

さびしい。さびしい。いたい。

「ああ、あんたは家に帰らないほうがいいかもねえ」

和美さんはアリサに同情して胸の中が熱くなってしまった。

そのとき、別の真っ黒なマブイがひょんと飛んできて、和美さんの肩に乗った。

かわりにこれを、と、女神とは違う存在《だれか》の声がした。和美さんはうなづくと、そのまま車を走らせた。沖縄市に着くと、連れてきたその真っ黒いマブイを、アリサのものだとして両親に渡した。両親は、わが子の名前を呼びながら、大泣きして感謝をした。

でも和美さんにはわかっていた。

――この人たちには、子どもを可愛がる精神《こころ》はないねえ。

そしてもうひとつわかっていた。

目の前で、大泣きしている父親が、夕暮れのビーチで遊びに夢中になり帰りたくないと駄々をこねたアリサにいらだって、その毛深い両腕で、ぐぐっと水面下に押し込んだことを。

「ティンバチ カンジュン」

天罰が下る――和美さんはその家をあとにすると、ひとり呟いた。

その後、アリサの家族がどうなったかは、和美さんは知らない。

ただひとつだけ、わかっていることがある。

それは、いまでも糸数グスクの中では、誰かが踊っているのである。

そしてそれは、とても楽しそうなのである。

そう、とてもとても、楽しそうなのだ。

其之四《ゆーち》　わたしのはなし

パヤパヤ

もう三十年も前の話になる。

私はその頃、ある事情から故郷の京都を離れ、宮古島平良《ひらら》のはずれにあるおんぼろアパートの二階に住んでいた。そこは一階に下駄履きの、駐車場と看板をそのままに夜逃げした居酒屋があり、二階に部屋が四室あった。201、202、203ときて、次は205だった。4は縁起が悪かったのだろう。私は端っこがよかったので、その205に住まわせてもらった。他に居住者は201に住んでいるフィリピン人女性たちだけだった。女性たち、と軽く書いたが、これが驚きの人数だった。アパートの大家さんからも「201の人たちとはあんまり深く関わらないでね」と念を押されたくらいだった。

部屋の間取りはぜんぶ同じ、六畳と四畳半、そしてキッチンとトイレ兼バスルームだったので、そのフィリピン出稼ぎ女性たちも同じ感じの部屋であった。だが彼女たちは、私が記憶しているかぎり、なんとその部屋に十八人も暮らしていた。どうやって暮らしていたかといえば、夏はごろ寝、冬は寝袋に入ってである。働いているのは平良市のとあるキャバレーだった。明らかに違法就労のようで、店には何度か誘われたが、お金もないので一度も行かなかった。時々顔を合わせることがあったが、みんな陽気で、表面的には楽しそうだった。ところが私が越してきて四ヶ月くらい経った頃、何台かの車が連なってアパートの前に停まった。どうやら入国管理局だったようで、彼女たちは全員強制送還されてしまった。

次の日から、そのアパートに住んでいるのは私だけとなった。

当時の私には何かを成し遂げるという気力そのものがなくて、とにかくぼーっとして天井を眺めたりするのに一日を費やしていた。民宿の手伝いをしたり、サトウキビ畑で働かせてもらったりと、いろいろやってもいたのだが、いまから考えると本当にもったいない時間であった。

ところがしばらくして、一人の男性が隣に越してきた。挨拶に現れた彼は山田（仮名）と名乗り、やせ細って神経質そうな顔をしていた。歳は三十五歳だという。隣に引越してきました、よろしく、と言って彼は、当時プロ野球のキャンプでイチローが「なんでこの島にはコンビニがないのか」の一言で誕生した、島で唯一のコンビニで買ったポテトチップスとコーラを私に差し出した。私はありがたくそれを受け取った。

いやそれにしても、と私は思った。２０１から２０３まで空いているのに、どうして私の隣の部屋なのか。あとで大家さんに尋ねてみたが「さあねえ、あの人がそこがいいって言い張るもんだから」としかわからなかった。しかしそれは、彼なりの計画があってそこを選んだのだ。つまるところ、彼は自分のした行いを悔いていたのである。そして誰かにそれが発見されるのを望んでいたのかもしれない。

それからしばらくした夜のことである。

山田さんがどんな仕事をしているのかはわからないが、深夜になると話し声が聞こえてくることがあった。築ウン十年のボロアパートであったから、壁の薄さは尋常ではない。ときには話している言葉がはっきりわかるほど筒抜けだった。しばらくすると、山田さんとは別の声が聞こえてきた。女性である。ときおり口論か喧嘩しているような声も聞こえてきたし、悲鳴のような声もした。

私は毎晩聞こえてくるその声に悩まされ、しかたなくソニーのラジカセでレピッシュの「パヤパヤ」を聞きながら夜を過ごした。

そんなある日のこと。私はいつものように平良の公設市場で買い物をしていた。当時の公設市場は、坂を上がったら赤線地帯のすぐ真下という最高の立地にあった。地下の駐車場を改造したような場所だったが、そこで野菜などを買うのが楽しみでもあった。その日もいろいろ買っていると、いきなり私の肩をぽんぽんと叩く人がいた。振り返ると山田さんである。

「こんにちは」と彼は言った。「お隣の小原さんですよね」

「ええ、山田さんですよね。こんにちは。買い物ですか？」

「ええ。そうなんですが、実は……ちょっと話できませんか」

「いいですよ。何でしょうか」

「とりあえず、アパートに帰ったら私の部屋に来てもらってもいいですか？」

問題ないですよ、と私は言い、そこで一旦別れた。

アパートに戻り、隣の部屋をノックした。山田さんはすぐにドアを開けて、私は中に入った。先日のお礼、ということで、島で唯一のコンビニまで走って買ってきたお菓子とジュースを持参した。

そこで私は山田さんが千葉県の出身であること、以前バンドマンをやっていたこと、現在は小さな印刷所でアルバイトしていることなどを知った。それからしばらく話をしていると、急に山田さんはシリアスな顔になり、咳払いをしてからこんなことを言いだした。

「あの、人生相談してもいいですか」

人生相談なんて、私は十歳以上も年下である。でもとりあえず、聞いてみた。

「実は僕、千葉で奥さんを殺してきたんですよ」

「えっ？」

私は言葉を失った。とりあえず、馬鹿みたいにこんなことを言ってしまった。

「それは……本当に……大変でしたね」

「いや、本当の話です。聞いてもらいたいんです」と山田さんは話を続けた。

彼の話によると、こうだった。

彼はバンド活動を続けながら、一歳下の奥さんと二人で暮らしていた。共働きで子どもはなし。安い公団住宅でも、それなりに楽しかった。だがよく喧嘩もした。山田さんはよく仕事を首になり、そのたびに奥さんは家計のことで夫と口論した。仕事もないのに職安にも行かず、時間があれば家でギターを弾きながらタバコをふかしている山田さんに腹を立て、家出したこともあったという。だがそのつど二人は仲直りをしたが、そのわだかまりが強烈に現れたのは、ある台風の夜だった。

沖縄近海で発生した台風が、そのまま東京方面へ直撃し、外は暴風となっていた。そんな夜、仕事もなかった山田さんは、いつものようにリッケンバッカーを弾きながらタバコをプカプカと吹かしていた。するとタバコが切れてしまった。

「なあタバコ買ってきて」

何気なく山田さんはそう奥さんに言ったという。

その一言が奥さんの堪忍袋の尾を引きちぎった。

「いい加減にしてくんない？　外は台風でしょ。自分で買いに行けばいいじゃない。自分のお金で！」

「おこづかいちょうだい」

「馬鹿じゃないの？　あんたのタバコに出すお金なんてうちにはないのよ！」

そう言ってブチ切れた奥さんは、軽自動車の鍵を引っつかむと、そのまま家から出て行ってしまった。ああ、なんだか悪いことをしたなと、山田さんは思った。

そのままずっとギターを弾いていたが、外はすさまじい暴風であった。携帯電話もないころだから、連絡のしようもない。しばらく待っているといつの間にか夜になった。

すると家の電話が鳴った。

電話を取ると警察であった。山田さんの住んでいたのは高台にある公団住宅で、そこから町へ降りる道で奥さんの車がスリップを起こし、五メートル下の別の団地の駐車場へと落ちてしまったという。すぐに病院まで来てもらえますかと言われて身支度をしたが、外は未だに暴風雨で、財布の中には三百円しかない。これではタクシーも呼べない。そこでバンド仲間に電話をしてすぐに迎えに来てもらった。

病院に着くと奥さんは集中治療室の中で意識不明。鼻にカニューレ（酸素チューブ）を入れられ、頭には大きな包帯が巻かれている。それから一週間病院に寝泊りしたが、奥さんが意識を回復することはなかった。医師の話では、もしかしたらこのまま意識が戻らない可能性もあるという。

山田さんはこうなったのは全部自分の怠惰に責任があると考えて、そのまま職安に行って、ガスメーターを作る工場でアルバイトをすることにした。

しかし毎晩仕事を終わって病院に行くも、奥さんはずっと眠り続けたまま。そんな奥さんに山田さんは本を読んだり、今日働いた職場でのおかしい話などをして聞かせた。だが彼女の瞳が開くことはなかった。

そのうち奥さんの両親や親戚が、山田さんのことを激しく責めはじめた。お前は厄病神で悪魔だ、と彼女の両親から言われた。二度と俺の娘の人生に絡んでくるなとまで言われたが、離婚することはなかった。なぜなら奥さんは未だに眠りの世界にいるのである。

そんなこんなで一年が過ぎ去ろうとしていた。働いても働いてもお金は妻の入院費に消えていく。親戚はこぞってやってきては、山田さんに呪いの言葉を投げかけて帰っていく。妻は目も開かない。とうとう山田さんの神経は壊れてしまった。

「起きろ、起きろ、起きろ！」

山田さんは眠っている奥さんに対して、病棟中に響き渡る大声でそう怒鳴ったという。すぐさま看護婦が飛んできたが、山田さんのぶち切れた気持ちはなかなか回復しなかった。

ある夜のこと。病室で眠っていると、夢を見た。

奥さんがやってきて、二人で話している夢だった。

「あなた、私のことはもういいから、旅にでも行ってきたらどう？　臆病ね。さっさと行ってきなさいよ」

泣きながら目を覚ますと、そこにはコードに繋がったままの奥さんがいた。

もうだめだ、と山田さんは思った。

そして奥さんを自分の手で殺して、自分も病棟の屋上からジャンプして死のうと思った。まず生命維持装置のコンセントを抜いた。それでも彼女は死ななかった。すぐに看護婦が来ると思い、彼は手近にあった枕を彼女の顔に被せた。奥さんが枕の下でうめくのが感じられた。そこで病室のドアが開いた。飛んできた看護婦が悲鳴を上げている。そのまま病室から逃げて屋上へ上がろうとしたが、下から警備員がやってきた。どうしようもないので別の階段で下へ降り、そのままタクシーに乗って逃げた。逃げて逃げて、そのまま宮古島へと流れついた。

「そうか」話を全部聞いた私の貧相なハートからは、そんな言葉しか出てこなかった。「それは大変だったよね」

自分でも感心するほど、心もとない返答だったといまでも思っている。

「うん……」

下を向いたまま、山田さんも言葉を失ってしまった。

「でもさ、その後があって」

「うん？」

「実はうちの妻、死んだことに気づいていないかも知れないいんだよ。毎晩二時ごろになったら僕を起こして、あなた、ここはどこなの、ここはどこなの？　って揺り起こされるから」

「ええっ……」

といいながら、私は毎晩隣から聞こえてくる女性の声のことを思い出した。

「時々女性の声が聞こえてくるけど」

「そうだよ。妻はいま小原さんが座っている辺りに立って、不思議そうにこっちを見るんだ」

おいおい冗談じゃない。私は勢い帰ろうと思ったが、それでも山田さんが話し続けるのでそこに居座るしかなかった。

「そこでお願いなんだけど」と山田さんが申し訳なさそうに言った。

「これはもしかしたら僕の妄想というか、頭がおかしくなっちゃったのかもしれないって最近思うようになって。一晩でいいからこの部屋にいて、妻が本当に出てくるか見て欲しい」

「マジで？」

「お願いしたい。それが終わったら、本土に戻って自首しようと思ってる」

自首しようと思ってる。そんなことを言われたら、断ることはできなかった。

それに当時から私はライターだった。いつかどこかでネタになるかもしれない。そんなクロっぽいことも私の頭の隅には確実にあった（実際ここにこうして書いているのだが）。

そこで一晩だけ、その部屋で過ごしてみることになった。

その日の夜、しこたま泡盛とおつまみを買い込んで、二人で飲みながらいろいろと話をした。どうやら山田さんという人間は悪い人間には思えなかった。弱さというか、多分奥さんに頼りきりだったのかもしれないが、それも十分認めた上で、ちゃんと自分のやったことに責任を負う覚悟があるようだった。やがて深夜の二時になったが、それでも奥さんは現れない。

「今日は小原さんがいるから遠慮しているのかもしれない」

そんなことを山田さんが言ったのを覚えている。やがて三時頃になり、私は酔っ払っていることも手伝って、そのままごろ寝をして、眠ってしまった。そして翌朝十時頃に目が覚めた。

結論を先に書くと、私は山田さんの奥さんなる存在を見ることはなかった。

だが少し変なことがあった。

誰かに自分の足を掴まれて、激しく揺さぶられたという記憶があった。しかし酔っ払っていたので、はっきりしない。それはほんの小さなことだと思って、山田さんには伝えなかった。

「昨夜、奥さんには会えなかったよ」と言うと、山田さんは首を振りながらこんなことを言った。

「実は昨夜、寝落ちしたあと奥さんが現れて、ずっと小原さんの足を掴んで揺さぶってた。あなた、この人一体誰なの？　誰なの？　って叫びながら、ずっと足を持ってたよ」

「へえ、そんなことがあったんだ」

私は怖くなって、自分にそんな記憶があるということは決して口に出さなかった。

それがよい経験だったのかどうかは定かではないが、それから彼は荷物を全部置いた状態で、自首してくると言い残して千葉へ戻っていった。

私も大家さんも、数ヶ月の間、荷物をそのまま残して、彼からの連絡を待ったが、半年経っても連絡がなかった。大家さんは、数少ない山田さんの荷物を自分の民宿へ引き取り、かくして２０３は再び空き部屋となってしまった。

それ以来、山田さんからは連絡もないし、会ってもいない。

無論、彼の奥さんにも、である。

私はその部屋に二年間住んだが、隣部屋はそれ以来入居者もなく、ずっと沈黙したままだった。

パンを投げる

そんな宮古島に住んでいた当時、お金がなかったので、知り合いのパン屋からパンを買うついでに、パンの耳をもらって帰ってくることがあった。時々それらを焼いて食べていたのだが、あるとき、トースターのタイマーが壊れてしまったらしく、出来上がる頃には真っ黒に焦げてしまっていた。硬いパンの耳を焼きすぎたおかげで、さらにカチカチになっていた。すぐさまゴミ箱に投げ入れたが、待てよ、とそのとき思った。

これって、二階の窓から投げたら、かなり飛ぶのではないだろうか？

私は焼け焦げてカチカチになったパンの耳二枚をゴミ箱から救い出し、アパートのベランダに向かった。

部屋は二階で、ベランダの向こうは果てしなく広がるサトウキビ畑。私は焼け焦げたパンの耳を、思いっきり大空に向かって解き放った。それは信じられないくらいに遠くまで飛んでいった。二枚目はさらに遠くまで飛んだ。

それからしばらく、私は焼け焦げたパンの耳投げに夢中になった。普通の食パンを焼いて食べた後、二枚のパンの耳（パンの耳がない場合は普通の食パン）をわざと焦がして、それをベランダからくるくるくると回して飛ばしていたのである。

そんなある朝のことだった。

朝十時頃、目がさめて、コーヒーを沸かし、パンの耳二枚と普通の食パン一枚を焼いた。それらを持ってベランダに出た。しとしとと雨の降るどんよりした日曜日の朝だった。コーヒーを飲み、マーガリンを塗ったパンを食べ終わると、さっそく私は一枚目を急な角度をつけて上空に向けて投げた。それは彼方のサトウキビ畑の中に消えた。

もう一枚も同じように高い角度をつけて投げた。すると手が滑ってあまり遠くには飛ばなかった。その軌道を追っていると、下のサトウキビ畑のあぜ道のところに、人が立っているのが見えた。

くるくると上がった焼け焦げたパンの耳は、そのまま一直線に農家の人と思われる人物に向かって急降下していった。ぶつかったら怒られる、と思ったのもつかの間、パンの耳はそこにいた人物の身体をすり抜けて、その向こうのあぜ道の路面へと落下した。

いま見た光景がなんだかおかしかった。

よく見るとそこに半分透明なカーキ色の服を着た男性がぽつねんと立っていた。

最初は農家のオジイかと思ったが、そうではない。旧日本軍の軍服を着た兵隊だった。

パンが向こう側に落ちたとき、私と彼は確かに目が合った。

相手は言葉こそなかったが、ニヤニヤしながらこちらを見上げていた。そのとき、なんというのだろうか、気が狂っていると言われても仕方がないのだが、その人物の心の中と自分が繋がったような気がした。男性は私と同じく本土出身者で、しかもこう言っているように私には思えた。

「お前、宮古島でなにやっているんだよ」

そういう言葉が心の中に入ってきた。すると男性は溶けてなくなるようにして消え去っていった。

お前、宮古島でなにやっているんだよ。

そう言われて、グウの音も出なかった。

「ああ、京都に帰ろう」と、初めてそう思った。

初めてユタに会った話

宮古島から京都に帰る際に、知り合いにこんなことを言われた。

「帰るんなら、ユタを紹介するから」

ユタとは沖縄のシャーマン的な存在で、名前は聞いてはいたものの、実物と会うのは初めてだった。ミャークフツ（宮古口・宮古の言葉）で言えば、カンカカリャ（神がかり）ということになる。

そのユタは下地《しもじ》さんという高齢のオバアで、東平安《ひがしへんな》岬《ざき》に行く途中の木造家屋に住んでいた。最初会ったそのとき、オバアの横には孫だという若い女性が同席していた。どうして一緒にいるのか、理由はすぐにわかった。なんと下地のオバアは日本語が喋れないのである。ミャークフツしか喋れないようだった。それをいちいち、孫の女性が通訳してくれた。

下地のオバアは、私の名前、生年月日、出身地、干支などを聞いた。それから目をつぶってミャークフツでゴニョゴニョ何かを唱えはじめた。

インチキくさい、というのが私の第一印象だった。そもそもこの時代に日本語が喋れないなんて人間がいるのだろうか。それは沖縄の離島をあまりにも知らなすぎる見方だったが、当時の私の理解力はそのくらいが関の山であった。

やがて顔を上げたオバアが孫に向かってゴニョゴニョ言った。

「あなたは将来また沖縄に戻って来られるようです」

いや、もう二度と戻る気はないんですが、と心の中でそれを強く否定した。もうサトウキビもシーサーもコバルトブルーの海にも興味がなかった。沖縄の人ののんびりすぎるペースにも、何でもウガミ（拝み）で解決しようとする思想にも、ほとほと嫌気がさしていた。

「そうなんですか」と私は言った。紹介してくれた友人の顔を潰すわけにはいかない。

するとオバアが再び、ゴニョゴニョと呟いた。

「あなたは帰ってきて、沖縄の神様とか民話について調べると言ってます」

「そうなんですか」

いかにも興味ありそうに私は言ったが、心の中で正直、このオバアはニセモノだと結論を下していた。これで三千円は高すぎる。それでもいつかネタにしてやろうと、話を聞いている振りをすることにした。

するとオバアは孫に小汚い一冊の大学ノートを持ってこさせた。

「いまから神様が降りて、フツ（言葉。あるいは言霊の意）を下ろします」と女性が言った。

ますます怪しい。

このあとさらにお金を吹っかけられたら、有無を言わず逃げてしまおう。

見ているとオバアは、ボールペンを持ちながら、大学ノートにみみずがのたくったような筆跡で何かを書き始めた。ますます怪しい。私はまなざしは真剣に、心の中では相手を小馬鹿にしながら、ことの成り行きを黙って見守っていた。

しばらくすると、下地のオバアはカンカカリャが終わって顔を上げた。そして私は孫の女性からその大学ノートを見せてもらった。

ほぼ全部、読めた代物ではなかった。こういうのを自動書記とでも呼ぶのだろうか。まるでアダムスキーが金星人から貰ったメッセージか、わけのわからないカタカムナ文字のようなものがびっしりと並んでいた。

だが、一文だけカタカナに見える言葉が私の目に飛び込んできた。

異言語の中で、その一文だけが私の心を刺し貫いた。その瞬間、私の生命活動が停止したかのような錯覚さえ覚えた。

その言葉とは、はっきりしたカタカナでこう書かれていたのである。

「キヨナリ　タカコ」

「この一文は……何ですか？」

あまりに驚いた私は、震える指でその部分を指し示しながらオバアにたずねた。

するとオバアはその日理解できた唯一の言葉で、私に直接こう語ったのである。

「メッセー、ジィ」

「メッセージ？　一体誰からの？」

オバアは微笑むだけで、答えてくれなかった。

キヨナリ　タカコ

それは非常に危険なメッセージでもあった。

私の父は清成と書いてキヨシゲと読む。父はよく言っていたものだ。わしの名前をキヨシゲと読むものはほとんどいなくて、いつもキヨナリと呼ばれると。そして私の母親の名前は孝子であった。タカコ。そのまんまである。

今日会ったばかりのインチキ臭いこのオバアは、何も喋っていないのに唐突に自分の両親の名前を当てたのである。しかも父親の名前にいたっては、その読み間違いの名前で答えたのである。

私は心が動揺したまま、下地のオバアの家を出た。

もう三十年前の話であるが、いまでも鮮明に覚えている。

その後、私は京都に帰ったのだが、下地のオバアの当てた両親の名前のことが忘れられなかった。思えばそれが、私をもう一度沖縄へと回帰させた楔《くさび》のようなものであったに違いない。私はそれ以来、ユタやウタキなどに興味が湧き、そのために何度も沖縄に帰ってきた。

そしていま、ここでこうして書いているのである。当時はまったく興味がなかった沖縄の神様やウタキ、そして民話などを、沖縄のローカル新聞に連載までしている。

下地のオバアの言ったことは、ことごとく当たった。

水タンクの上の女

宮古島での経験からその後もいろいろあった。

そして私は、現在、当然のことのように、沖縄の地で、不可思議な話、つまり恐物《ウトゥルシムン》、妖《マジ》怪《ムン》、幽霊《ユーリー》、呪い《イチジャマ》、チンアナゴの話を日々聞いている。

ちょっと前に知り合いと一緒に名護市の世冨慶《よふけ》という場所を訪れた。そこは国頭向け国道58号から横に入ったところにある、昔ながらの住宅が並ぶ一角である。そこの道を入った奥にウタキの群落があり、知り合いが見てみたいというので訪れた。

住宅地のコンクリート塀や石垣の間を抜けていくと、開けた一角に出る。そこの小山の脇に、いくつもの拝所が並んでいた。

これまた知り合いで、沖縄で演劇をやっているKさんの実家がたまたま近くにあり、彼女から前にこんな話を聞いたことがある。この拝所の近くに一本の大木があり、いつぞやの台風で倒れてしまったのだが、付近に駐車されている車にはかすりもせずに、何も無い場所にデンと倒れてしまったという。かなり広い場所であったし、車も複数台停めてあったのに、これはきっと神様が気を利かせて車に当たらないようにしてくれたのではないか。Kさんはそんな風に語っていた。これを知り合いにその場で話した。

「じゃああれか、ここにはホンモノの神様がいらっしゃるってことか？」

本土出身で沖縄のことはビーチと基地しか知らない知り合いはそう聞いた。

「まあ、地域のよりどころになっているんじゃないかな」

「神様、神様って、結局は現実から逃げる手段だよなあ」

知り合いはぼんやりとそんなことを喋っていた。

それから私たちは車に戻り、美ら海水族館までのんびりと走っていた。途中、コンビニで美ら海水族館の割引券とお茶を買ったが、そのときに知り合いが変なことを言い出した。

「トイレで」と彼は言う。「トイレで」

「うん？」

「トイレで、後ろに誰かいたんだけど。なんだよ、お前のせいかよ」

「俺のせいってなんだよ」と私は言った。彼がふざけていると思ったのだ。

「トイレに座って携帯見ていたら、後ろに女がいて」

そう言って黙ってしまった。

「女子トイレに入った？」

「そんなんじゃなくて、水タンクのところに座っていて」

「はあ？　座れないよ、あんなところに」

「話を最後まで聞けよ。真っ白いなんかそれっぽい服を着たおばさんがそこに座っていて、俺の肩を握ったんだよ。びっくりして悲鳴を上げたら消えちまったんだけど。あれって幽霊かな？」

「さあ、俺はそんなの見たことないからなあ」

「嘘だろ。怪談書いているのに見たことないのかよ」

「トイレで白い神装束のおばさんには会ったことはない」

それから知り合いはなんだかそわそわしはじめた。途中のホテルで当時彼が付き合っていた彼女を迎えにいったが、彼女からも「どうしたの？」と問われるくらいに様子がおかしかった。結局美ら海水族館は上の空で、気分が悪いからイルカショーをキャンセルして帰りたいと言い出した。

「じゃあホテルに送るか」と私は聞いた。

「じゃなくて、世冨慶に行って欲しい」

「なんで？」

「行きたいんだよ。頼むよ」

彼女も不思議そうに彼を見つめている。そこで仕方なく車を名護まで走らせて、さきほど行ったばかりの世冨慶のウタキに行った。知り合いはなぜか、一本の木の前に行くと、座り込んでしまった。心配そうな顔の彼女と私が寄り添う中、変なことを言い始めた。

「頭の中で声がするんだけど」

「なんて?」

「ばるだ、ばるだ、って言ってる」

「何の声かな」

「方言だろ、通訳してくれ」

「そんな方言聞いたことない」

埒が開かないので、こういうとき、沖縄では塩を舐めさせると相場が決まっている。だからコンビニで買った塩を彼に舐めさせた。そうしてユタさんがよくやるように、背中をバンバンと何かを追い出すようにして叩いてみた。しばらくして彼は回復したが、そこから発熱してしまい、残りの沖縄旅行のほとんどをホテルで寝て過ごした。

彼らが帰る日に、電話が掛かってきた。案内してくれてどうもありがとう、残りの日は会えなくてすまん、という社交辞令とは別に、彼はこんなことを言った。

「また夢に出てきて」と彼は言った。「あれはなんていうか、俺が神様をあの場で馬鹿にしたからか」

「別に馬鹿にしなかったんじゃないか」

「お前には口には出さなかったけど、心の中でこう思ってたんだ。『神様がいたら、俺の脚を縛って動けなくしてみろ』って。そうしたらこんななっちまってさ」

「そんなこと思うからだろ」

「ううん……」彼は言葉に詰まった。「もうだいぶ熱が下がったんだけどさ」

結局彼は神奈川に帰っても、しばらく熱は下がらなかった。


沖縄の神様の全てが祟るとか、そういうわけではないと思う。が、時たまそんな神様もいるのだろう。触らぬ神に祟りなし、とはよく言ったものだ。

沖縄にはいまだに、私たちが絶対触ってはいけない場所や、入ってはいけない聖域がいくらでも存在する。まるでそれが当たり前のように、以前からそうであったし、おそらくこれからもそうだろう。

異界への橋渡し

もうひとつこんな話を紹介しよう。

知り合いの浜《はま》さんから聞いた話である。浜さんがまだ小学生のとき、母方の叔父さんが若くして急に亡くなった。幼い浜さんは家族に連れられて、叔父さんの家までやってきた。遺体は仏間に置かれて、室内は故人を送り出す準備と、それを認められない親族たちの悲しい泣き声で溢れていた。

そんなときに、親戚のおばさんがなぜか飲めない酒を浴びるように飲みながら、すっくと立ち上がった。そして周囲の泣き悲しむ人々にこう言ったのである。

「いままでどうもありがとうね」

そして一人でスタスタと立ち去ってしまった。

「あれはよ、死んだ叔父さんだよ」と、親戚たちはその後姿を見ながらヒソヒソと話し始めた。身振りから話し方まで、まるでそっくりだったという。

別の部屋では他にも奇妙なことが起きていた。

亡くなって久しい曾祖母がいきなり浜さんの母親の兄弟に降りてきて、号泣しながらこう言ったという。

「ああ、私は孫が病気で死ぬのを止められなかった。悲しいことだよ」

そして亡くなった叔父の両親に対しては、

「あの子はこんなに身体を痛がっていたのに、どうして放っておいたのか！」

とぶち切れたのだという。

葬式という場は、この世とあの世が交わる、もっとも身近な異界なのかもしれない。人が死ぬということは、生きている人も、そしておそらくは死んだ人も駆けつける、華麗なセレモニーの場なのかもしれない。

そして唐突に聞こえるかもしれないが、怪談の本を読むということも、やはり生者が死んだ人に関わる話を読みながら、意識を向こう側の世界に向ける行為で、どこかしらこの図式に当てはまるようだ。

怪談好きの人たちは、こういった種類の本を読むと「怪異が訪れる」などと表現する。怪異の定義にもよるのだが、断言しよう。それは本当である。

もう一度、私の父親の話をする。

父・清成《きよしげ》はもう何年も前に亡くなったが、その納骨のときの話だ。当時、いろいろあってバタバタしていた私は、沖縄に住んでおり、父も沖縄に連れて来ていたせいで、故郷の京都のお墓になかなか納骨に出向くことができなかった。それでも京都の親戚と連絡をとりながら、なんとか急ぎ足で納骨を済ますことができた。かなりの強行軍であった。納骨がすんだときに、ざんざ降りの大雨がコンクリートを打った。

親戚の一人が「どうして今日を選んだの？」と幾分奇妙な口ぶりで私に聞いてきた。

「今日ですか。意味はありません。たまたまです」

「違うわよ。今日は清成さんの誕生日じゃない？」

日付を確認すると、まさに今日は父の誕生日であった。誰が意図したわけでもない。ただ流れでやっていくと、そうなったのである。父の誕生日など、私は忙しくてすっかり失念してしまっていた。だからその瞬間、不思議な思いがしたのである。死んだ人たちと何らかの交流を感じたとか、死者を身近に感じた、という表現も何か違う。前もって決められていた、とも違う。

強いて言えば、それは当然のことだったようにも思えたのである。

最後にこんな変な話でこの本を締めくくる。

沖縄市に住む具志《ぐし》さんの話である。昨年の夏に、一人暮らしをしていた叔母が亡くなった。

ホームセンターで買い物をしていて、そのまま倒れてしまった。

具志さんはそのとき、熱帯魚のコーナーで魚たちを熱心に見ていた。するとレジのあたりが騒がしい。何だろうと見に行くと、人だかりが出来ており、救急車、という言葉が怒号のように叫ばれている。見ると花柄のワンピースを着た叔母さんが仰向けに倒れている。あれっ、山内の叔母さんに似ているけど、まさか。

そう思いながら人ごみをかきわけていくと、やはり身内の山内の叔母さんであった。

「叔母さん、どうしたの！」

大きな声で具志さんが呼びかけても、呼吸は回復せず、その後、病院で死亡が確認された。

具志さんは身内ということで、そのまま救急車に乗せられて病院まで一緒に乗っていった。救急車が病院についてストレッチャーでERへ運ばれる際、通路に出たのだが、そのとき救急入口と書かれた看板の下に誰かが立っているのが見えた。

「あ、叔母さん……」

いましがた運ばれていった山内の叔母さんが、他所を見ながらボーッと立ち尽くしているのである。存在自体に色はなく、モノクロのようだった。

「叔母さん……」

そう言いながら向かおうとすると、看護師の一人に腕を掴まれて、「具志さん、こちらですよ」と引きとめられた。一瞬、意識を向けそこなったせいで、次に見たときにはすでに山内の叔母さんの姿はなかった。具志さんは、頭の先からつま先まで、心底ぞーっとしたという。

もし看護師に腕を掴まれなければ、叔母さんのところに一緒に行っていたのかも知れない。山内の叔母さんはよく知る身内ではあったが、死んだ叔母さんが常に具志さんを守ってくれるとは限らない。もしかしたら寂しさのあまり、向こう側に引き込もうとしてくるかもしれない。そう思った理由として、具志さんは、あのときの山内の叔母さんの表情を上げていた。

まるで生気がなく、うつろで、こちらにまったく関心を持っていない様子だった。

「ほら、なんていうのか。死んだ人が霊界から暖かくこちらを見守っているとか。そういう話とは対極の、なんていうか心のない冷徹さのようなものを感じました。だからぞっとしたんです。とにかく、向こう側は私の住む世界ではありません」


異界への穴は、いつでも、そこら中に開いている。

この本が、そんな異界との素敵な橋渡しになることを願っている。

昔の偉人が語ったように、暗い淵を覗き込むと、暗闇があなたを見返してくる。

それと同じく、あの世に意識を向けると、あの世もあなたに対して挨拶を返してくるのだ。

それが何なのかは、出会ってからのお楽しみ。ハハハハ。

ハハハハ。ハハハハ。

ハハハハ。

ハハハハ。ハハハハ。

ハハハハ。ハハハハ。

ハハハハ。ハハハハ。

ハハハハ。ハハハハ。ハハハハ。ハハハハ。

ハハハハ。ハハハハ。

小原猛　こはら・たけし

作家。昭和 43 年京都生まれ。与那原町在住。カメラマン、ライターとして活動したのち、沖縄移住。沖縄独自の怪談や精神世界、御嶽文化などに興味を持つ。2011 年にボーダーインクより『琉球怪談』でデビュー。その後『七つ橋を渡って』『不思議な子どもたち』『おきなわ妖怪さんぽ』『琉球怪談作家、マジムン・パラダイスを行く』(ボーダーインク)、『琉球妖怪大図鑑(上下)』(琉球新報社)、『琉球奇譚シマクサラシの夜』『琉球奇譚ベーベークーの呪い』(竹書房文庫)など。現在、琉球新報の小中学生新聞「りゅうPON!」に「ふしぎうちなーショートショート」、琉球新報住宅新聞「週刊かふう」に「沖縄ミステリーツアー / 隣のマジムン」連載中。また「琉球怪談」のコミック版(太田基之・画)が小学館から刊行。

琉球怪談コレクション
いまでもグスクで踊っている

二〇二〇年七月二十日　初版第一刷発行

著者　小原　猛
発行者　池宮　紀子
発行所　(有)ボーダーインク
沖縄県那覇市与儀226の3
http://www.borderink.com
tel 098-835-2777
fax 098-835-2840
印刷所　(株)東洋企画印刷

定価はカバーに表示しています。

ISBN978-4-89982-388-9　C0095

ボーダーインク　〈琉球怪談〉シリーズ

小原猛の本　セレクション

琉球怪談　現代実話集　闇と癒しの百物語

沖縄には、さまざまな怪が潜んでいる……。
体験者から蒐集した、心に響く怪談百話。
沖縄の、沖縄による、沖縄のための、百物語。
沖縄に怪談ブームを巻き起こしたベストセラー。

定価 1500 円＋税　四六判　256 頁

七つ橋を渡って　琉球怪談 闇と癒しの百物語

心の底から響く実話怪談百話の饗宴第二弾。
あの橋のむこうにさらなる沖縄の怪異が潜んでいる。
沖縄の風土と歴史に根ざした現代怪談実話の神髄。沖縄と全ての内地人を戦慄せしめよ。

定価 1500 円＋税　四六判　296 頁

不思議な子どもたち　琉球怪談百絵巻　（画・三木静）

沖縄各地から世代をこえて惹き寄せられた世にも不思議なお話がぎっしり。百の怪談と百の怪画でせまる、怖くて怪しい琉球怪談。

定価 1500 円＋税　四六判　216 頁

おきなわ妖怪さんぽ　琉球怪団 著

君の住む近所にもいた?!　ほんとうは怖いおきなわの伝説を迫力のイラストと地図・写真で紹介。大人も子ども楽しめる決定版！

定価 1500 円＋税 A5 判　96 頁

ボーダー新書 14

琉球怪談作家、マジムン・パラダイスを行く

定価 1000 円＋税 A 新書判　200 頁